허만길 문학 활동 43돌 기념 시집

아침 강가에서

【Hur Mangil's Poetical Works】
On the Morning Riverside

순수시선 519

아침 강가에서
【Hur Mangil's Poetical Works】
On the Morning Riverside

허만길 지음

2014. 08. 20. 초판
2014. 09. 01. 발행

발행처 · 도서출판 순수
출판주간 · 박영하
편집장 · 박선범
편집차장 · 김서영
등 록 제2-1572호

서울 중구 퇴계로36길 27(필동 2가 2층)
TEL (02) 2277-6637~9
FAX (02) 2279-7995
E-mail ; seonsookr@hanmail.net

· 저자와의 합의하에 인지를 생략함
· 잘못된 책은 바꾸어 드립니다

ISBN 978-89-94715-33-9

가격 10,000원

허만길 문학 활동 43돌 기념 시집

아침 강가에서

【Hur Mangil's Poetical Works】
On the Morning Riverside

허 만 길 시집

September 1, 2014

[표지그림] 노영현

도서출판 순수
Pure Literature Publishing

27, Toegye-ro 36-gil, Jung-gu, Seoul, the Republic of Korea
Tel: 82-02-2277-6637. E-mail: seonsookr@hanmail.net

◆머리말

   나의 문학 창작 활동은 1971년(28살) '복합문학'(複合文學 Complex Literature)을 창안하여, 첫 복합문학 '생명의 먼동을 더듬어'(장편)를 월간 '교육신풍'(敎育新風) 1971년 9월호(발행 교육신풍사, 서울. 1971. 9. 1.)에 연재하기 시작한 데서 출발한다. 내가 서울 영등포여자고등학교 국어과 교사로 재직할 때였다. 그런데 실제로는 나는 이보다 약 2년 전 1969년(26살) 10월 26일 오전 0시 43분에 '복합문학'의 첫 작품 '생명의 먼동을 더듬어' 집필을 완료했다. '생명의 먼동을 더듬어'를 '복합문학' 형태로 집필하여야겠다고 생각하면서, 집필을 시작한 때는 다시 이보다 약 2년 전 1967년(24살)이다.

   이런 연유를 지닌 복합문학 '생명의 먼동을 더듬어'가 1971년 9월 1일 세상에 처음 나온 때로부터 2014년 9월 1일은 나의 문학 창작 활동의 43돌이 된다.

복합문학 '생명의 먼동을 더듬어'의 제1회분을 실은 월간 '교육신풍'(책 체재: 사륙배판. 가로 19cm, 세로 25.7cm)의 1971년 9월호 104쪽~109쪽에는 이 작품의 본문에 들어가기 전에 나의 '지은이의 말'이 있는데, 이 작품의 내용 특성과 '복합문학'의 특성(책 104쪽 아랫단, 105쪽 아랫단)을 간략히 진술해 두었다. 이 작품은 '교육신풍' 1971년 11월호에까지 연재되다가, 출판사 '교육신풍사'가 폐간됨에 따라 이 작품 연재도 중단되었다.

　이로부터 8년 뒤 나는 1980년 4월 26일 '교음사'(서울. 발행인 강석호)를 통해 복합문학 '생명의 먼동을 더듬어'를 완성본으로 출판하였다(신사륙판. 가로 12.5cm. 세로 20.5cm. 본문 231쪽). 이 책의 머리말에서 나는 보다 구체적으로 '복합문학'의 개념과 이를 구상하게 된 동기와 문학적 의의를 진술했다. 이 책이 출판되자, '복합문학'을 '동아일보' 1980년 4월 30일 4쪽(서울)에서는 '문학 화제'로 다루었고, '경남매일' 1980년 5월 1일 5쪽(경남 마산시), '조선일보' 1980년 5월 13일 5쪽(서울), '새한신문' 1980년 6월 19일 4쪽(대한교육연합회), '시문학' 1980년 7월호 145쪽(월간 시문학사, 서울), '중앙일보' 1991년 5월 10일 21쪽(서울), '주간여성' 1991년 10월 27일 96~98쪽(한국일보사, 서울) 등에서도 이를 의미 있게 소개했다.

　나는 '복합분학'을 대체로 "한 편의 문학 작품을 완성함에 있어, 시(서정시, 서사시, 극시), 소설, 희곡,

시나리오, 수필 등 문학의 여러 하위 장르를 두루 활용하여, 전개상의 변화와 활력을 꾀하고 주제의 형상화에 상승효과를 거두기 위해 복합장르로 구성한 문학 형태"로 정의하고 있는데, 문학 형태에 창조를 주어 문학을 참신하게 하는 데 도움을 주고자 이를 구상하였다.

　이 뒤로 '복합문학'은 '두산세계대백과사전'(CD-ROM판. 두산동아출판사. 2001년 9월), '두산백과사전'(주식회사 두산, 서울. 2001. 9. 1.), '한국 시 대사전' 3293~3295쪽(을지출판공사, 서울. 2004. 12. 1.), '한국 시 대사전' 3295~3296쪽(이제이피북 Ejpbook, 서울. 2011. 3. 31.), '대한민국 5,000년사' 제7권 '한국 인물사' 1009쪽(역사편찬회 출판부, 서울. 1991. 4. 10.), '대한민국 현대 인물선' 1401쪽(대한민국현대인물편찬회, 서울. 1991. 7. 1.), '국가 상훈 인물 대전' 제5권 '현대사의 주역들' 1525쪽(국가상훈편찬위원회, 서울. 2005. 6. 20.) 등에서도 소개되고, '시와 숲길 공원'(충남 보령시 주산면) 허만길 시비 '대한민국 상하이 임시정부 자리'((2010. 4. 23. 건립) 뒷면 허만길 약력에서도 풀이되어 있다. 허만길 저서 '정신대 문제 제기 및 대한민국 임시정부 자리 보존운동 회고'(주식회사 에세이퍼블리싱, 서울. 2010. 12. 21.)에는 '복합문학의 유래와 개념'(129~157쪽) 및 'Origin and Concept of Complex Literature'(190~199쪽)가 실려 있으며, '참여문학' 2011년 가을호 통권 47호 53~72쪽(도서출판 문예촌,

서울. 2011. 9. 10.)에는 나의 논문【복합문학 탄생 40돌 기념】'복합문학의 개념과 기대'가 실려 있다.

이와 더불어, 나는 1989년 '한글문학' 제9집(1989. 1. 20.)에 시 '꽃과 가을이 주는 말을', '함께 따스한 가슴을', '가을인 날은'이 추천되고, 1990년 '한글문학' 제12집(1990. 10. 5.)에 단편소설 '원주민촌의 축제'(原住民村의 祝祭, A Feast in the Village of Natives)가 추천되어, 시인과 소설가로서 문단에 등단하여 문학 창작 활동을 해 왔다.

이번에 나의 문학 창작 활동 43돌을 스스로 기념하고 싶어서 출판하는 시집 '아침 강가에서'는 나의 단행본 저서로서는 열네 번째 저서가 되고, 시집으로서는 세 번째 저서가 된다. 나는 시 창작에 있어, 국어의 아름다움을 살리는 데 힘쓰면서, 시의 기본 정신으로 인생과 진리와 사랑에 대한 추구를 중시하고, 시의 기법으로 서정성과 상징성의 조화를 꾀하고자 노력해 왔다. 이것은 문학평론가이며 시인인 김남석(국회 민족문화연구소장, 숙명여자대학교 교수 역임) 님이 나의 시에 대해 '시상의 건실성과 이미지의 정확성', '수사학의 다양한 구사', '숙달된 문학적인 인생관의 시적 여과' 등이 돋보인다고 평했음('한글문학' 제9집 63~64쪽. 1989. 2. 20.)과도 연관지을 수 있을 것이다. 또 2011년 12월 23일, 내가 문예지 계간 '문예춘추'(도서출판 '씨알의 소리' 발행) 제정 제1회 '청백문학상'을 받았을 때 나의 시에는 맑고 깨끗하고 초연함이 두드러진 청백 정신이 탁월하다는 평을 받은 것(심

사위원: 시인 황금찬, 문학평론가 강범우, 시인 이양우)과도 연관지어 볼 만하다.

 이번 시집 '아침 강가에서'에 실린 시들도 이러한 특성을 상당히 품고 있으리라 본다. 시집의 구성은 〈제1부 존재의 존재법〉, 〈제2부 젊음〉, 〈제3부 아침 강가에서〉, 〈제4부 영혼을 위하여〉, 〈제5부 내 나라 내 겨레〉, 〈제6부 자굴산 있는 고향 의령〉, 〈제7부 서사시 '완고와 보람'〉, 〈제8부 극시 '생명 탄생 기원'〉 등으로 했다.

 여러 문학지에 이미 발표했으나 아직 시집에 올리지 못한 시들은 다른 기회로 미루어야 할 것 같다.

 나는 이 시집을 내면서, 나의 손자 허수민, 외손 김보미, 이원영, 이현영에게 할아버지로서 한없이 사랑하고 있다는 마음을 특별히 전하고자 한다.

2014년 9월 1일
허 만 길

차 례

_ 머리말 · 11

제1부 존재의 존재법

존재의 존재법 _ 25
일억 광년 별 하나 _ 26
방 만드는 사람들 _ 28
꽃과 가을이 주는 말을 _ 35
바람 _ 36
곱게 보는 마음을 _ 38
마음 _ 39
사색 _ 40
아픔 _ 41
끝과 시작 _ 42
자비와 사랑 베풀기를 _ 43
두 가지 냄새 _ 46
한마음 _ 47
희망으로 _ 48
뿌리의 고생 _ 49
시작 _ 50

제2부 젊음

젊음 _ 55
젊은 날의 아픔 _ 57
미루나무 젊음 _ 58
젊음의 춤 _ 59
미나의 고독 _ 60
우정의 자리 _ 62 /**악보**

제3부 아침 강가에서

아침 강가에서 _ 71
당신이 비칩니다 _ 72
초여름이 설레면 _ 73
초여름 강가에서 _ 74
미시령 넘어서 _ 75
강화도 나들이 _ 76
보름 전 그믐달 _ 78
혼자 바닷가에 서면 _ 79

함박눈을 만지며 _ 80
달과 강 _ 81
새벽 _ 82
새해 _ 84
여의도 꽃길 _ 86

제4부 영혼을 위하여

영혼을 위하여 _ 91
사별의 위로 _ 93
친구의 죽음 앞에서 _ 95
제자를 하늘나라로 보내며 _ 97

제5부 내 나라 내 겨레

대한민국 상하이 임시정부 자리 _ 101
영원한 내 나라 _ 106
나라와 겨레 위해 _ 107
서울의 새 아침 _ 108
악성 우륵 찬가 _ 109

제6부 자굴산 있는 고향 의령

고향 집 _ 112
내 고향 칠곡 _ 116
칠곡 사랑 _ 118 /악보
자굴산 _ 121 /악보
칠곡 보배로운 땅 _ 125
의령 아리랑 _ 127 /악보
의령 가례 _ 130
칠곡 존저암 _ 133
칠곡초등학교 동문 기림 _ 135 /악보
의령신문 14돌 기림 _ 137
한우산 철쭉꽃 _ 139
금지샘 사랑 _ 140 /악보
손바닥만 한 졸업 사진 _ 143
고향 사람들 _ 144
어린 날의 친구 _ 145
의령을 위하여 _ 146

제7부 〈서사시〉 완고와 보람

제1장 완고 _ 149
제2장 보람 _ 161

제8부 〈극시〉 생명 탄생 기원

〈극시〉 생명 탄생 기원 _ 172

【부록】

허만길 주요 삶 _ 184
Profile of Hur Mangil _ 220

제1부

존재의 존재법

존재의 존재법
일억 광년 별 하나
방 만드는 사람들
꽃과 가을이 주는 말을
바람
곱게 보는 마음을
마음
사색
아픔
끝과 시작
자비와 사랑 베풀기를
두 가지 냄새
한마음
희망으로
뿌리의 고생
시작

존재의 존재법

별도 해도 제 있을 곳
제 갈 길 벗어나지 않을 때
그 존재는 꽃으로 아름답다.

방황하는 모든 것은
아직 제 있을 곳 제 갈 길
찾지 못해서가 아닌가.

한순간 길 잃어
영원의 어둠으로 부셔지는
아픈 유성들 얼마나 많은가.

모든 굴레와 자유와 숭고함이
제 마음에서 우러나와
제 마음과 함께 함을 안다면
방황도 어둠도 쉽게 짓지 않고
기어이 이기리라.

* '한국 현대시' 제7호 228쪽(발행 한국현대시인협회, 서울. 2012. 6. 30.)

일억 광년 별 하나

어젯밤
일억 광년을 날아 온
별 하나를 만났다.

찬란하고 총명하고
이슬처럼 순수한 빛으로
나의 눈에 안기었다.

아름다운 은하수가 팔을 벌리고
샛별과 북극성이 웃음 반짝이는
마중이 즐거웠다는 말을 남기고
그냥 곤히 내 꿈에 잠들어 버렸다.

나는 일억 광년을 날아 온
꽃다운 별의 마음을 읽었다.

백억 년을 살아갈 운명인데
겨우 삼천 살 아기별에게
험상궂은 별들이
먼지와 가스를 어지러이 뿜고
질서가 생명인 별무리에 마구 끼어들어

별 하늘의 신비를 지킬 수 없었단다.

태양계 행성 지구는
자신이 품고 키우는 인간들로
녹아나는 북극 얼음 칼처럼 괴로운데,
일억 광년 먼 우주에
지구를 닮은 쓰라린 외계은하가 있었다.

나는 삼천 살 아기별을 어루만지며
배은망덕 넘치는 지구에도
굳건한 지킴이가 적지 않으니,
우리 은하에서 슬기와 힘과 사랑을 키워
고향 은하를 살리라고 했다.

어젯밤 우리 은하에는
찬란하고 총명하고
이슬처럼 순수한 별 하나가 더 반짝이었다.
꿋꿋이 빛났다.

* '한국 현대시' 제6호 98~99쪽(발행 한국현대시인협회, 서울. 2009. 12. 1.)

방 만드는 사람들

방 만듭니다. 방 만듭니다.
함께 만듭시다. 함께 만듭시다.
방 만들었습니다. 방 만들었습니다.

방 만들기를 예사로 나서고
방 만들기를 예사로 쉽게 하는
그 사람들의 방에를 가 본다.

누구라도 환영하는 방입니다.
모두를 위하는 방입니다.
세상에서 제일가는 방입니다.

외침이 크니,
방인들 오죽 신기하랴.
마음 설레며
미처 나는
개울에서 비단개구리와 노니는
사슴도 어루만져 주지 못하고
바쁘게 바쁘게 그 방에를 가 본다.

어서 오십시오. 큰 방이지요?

어서 오십시오. 좋은 방이지요?
어서 오십시오. 이왕 오셨으니,
있는 대로 지갑 열고
체면을랑 영영 닫고
넓은 땅, 많은 사람, 적잖은 보물
세상 갈라먹기 경주에
함께 한편이나 되시죠.

나는 방안을 두리번한다.
어찌나 답답하고 매캐하고
다리조차 펼 수 없든지
모두란 몇 사람의 모두인지를 손가락 세며
가만히 문설주에
무지개 씨앗 하나를 심는다.

제 소리에 취하고
남의 소리에 멍청한
본디는 하늘 같은 마음
샛별같이 말짱한 정신
언젠가는 그 마음 그 정신
꿈결에나마 깨쳐 주려고.

밝은 방입니다.
아늑한 방입니다.
아무나 모여서 평온한 방입니다.

무겁게 되돌아 나와
저만치에 이르니,
비단개구리와 노닐던 사슴이 돌아가 쉴
그 자리에
낮이면 햇빛이 정답게 모이고
밤이면 별빛이 귀엽게 춤추던
그 기슭에
어느새 방 하나가 우뚝이 섰다.

나는 당장 사슴을 걱정하며
달려가 쇠창살 철문을 연다.
이미 이 근방 어디에도
정다운 햇빛은 풀이 죽고
저녁이 되어도 별빛의 귀여운 춤은
올 것 같지 않다.
아무리 살펴도 텅 빈 방 안에는
어둠과 적막과 텁텁한 공기뿐.

나는 창가에 밀초 하나를 켜 놓는다.
어쩌면 밤마다 자정쯤
먼 아카시아 아래서
외롭게 눈물지을 사슴에게
그 향수만이라도 곱고 밝게 간직하라고.

애처로운 생각 못 이기며
멀리 고개를 돌린다.
또 저기 무성한 빌딩 성곽 안
수많은 방에서는 다투어
천둥치듯 귀 찢는 소리가 난무한다.

이리로 오십시오.
다른 데로 가지 말고 이리로 오십시오.
우리 방은 세상 어느 방보다
높은 방.
저승 나라, 꿈나라, 영원히 좋은 나라와
매양 친하며 가깝습니다.
가끔은 그 나라에 뇌물도 바칩니다.
지은 죄 적게 벌 받고
낮잠 자듯 안락하게

그 나라에 쉽게 오를 수 있습니다.

불현듯 나는
별 나라 한 임금이 보낸
보이지 않는 용마를 잽싸게 탄다.
빌딩 성곽을 후적후적 날아다닌다.

아슬아슬
대기권의 오존층이 뚫릴 듯한
그 구멍도 오르고
아직은 신화 같은 아름다움이 조금이나마 남은
킬리만자로, 알프스, 히말라야,
안데스, 로키, 태백도 두르며
후적후적 성곽을 난다.

아, 그 성곽 안에 부글거리는
혀와 힘과 거짓의 날벼락이며 편싸움.
한 몸 이익 권세에는
제 육신, 제 정신, 제 세상이 아깝잖아도
하나스로운 세상 꾸미기, 온 세상 큰 인물 되기에는
차마 낯내놓기 부끄러운 얼굴들.

파쟁은 부추길 줄 알면서도
화해와 융화의 미덕은 몹쓸 폐기물로
팽개치는 양심의 혼란.

그리고 그 안에는
정과 감동과 사랑의 기름이
시들 듯이 말라 가고 있었다.

보다 못해
나는 껑충껑충하는 용마에서 한 안타까운
글귀를 쓴다.

너희는 신이 내린 복과
너희 속의 하늘 같은 진실을
등돌리지 말라.
무한무변 하나이던 세상을
너희 어두운 눈으로
제발 난도질하여 칸 지르지 말라.

그때 한 찬연한
기운이 감돌더니,

내 붓을 대신하여
내 마음을 서명하는 것이었다.

* '한글문학 제10집 37~42쪽(편자 한글문학회, 발행 도서출판 한누리, 서울. 1989. 11. 15.)
* 【시를 만든 마음】 겉으로 갖가지 근사한 말, 그럴 듯한 생색을 내세워 가며, 한 개인이나 한 집단의 이기심과 탐욕을 채우려는 일이 세상 도처에서 독버섯처럼 날뛰고 있음을 본다. 그리하여 그것은 개인끼리, 이웃끼리, 국가끼리, 인종끼리, 계층끼리 배타적 싸움을 낳고, 그 틈바구니에서 착하게 살아가는 많은 사람들에게는 엄청난 갈등을 일으키게 하기도 한다.
  '방 만드는 사람들'에서는 한 세상 사람으로서 함께 잘 살아가야 한다는 천심을 외면하고, 분파적, 배타적 이익에 사로잡혀 진실과 도덕과 신앙을 그릇되게 이끌면서 겁 없이 세상을 해치는 무리들을 경고하고자 했다.
* 【시에 관한 이야기】 허만길의 시 '방 만드는 사람들'이 실린 '한글문학' 제10집이 출판되고 난 뒤 한글문학회(회장 안장현) 주최 '한글문학의 밤'(작품 낭독회)이 1989년 11월 23일 오후 6시부터 덕성여자대학교 서울 운니동 캠퍼스 소강당에서 열렸는데, 허만길은 시 '방 만드는 사람들'을 낭송해 대호평을 받았음. '한글문학의 밤'에는 허웅(한글학회 이사장. 서울대학교 교수), 구인환(서울대학교 교수), 문덕수(홍익대학교 교수), 김남석(전 숙명여자대학교 교수), 정종(원광대학교 교수), 손동인(인천교육대학교 교수), 이봉원(덕성여자대학교 인문대학장), 강범우(덕성여자대학교 교수) 님 등 많은 저명 문인들이 참석하였음.

꽃과 가을이 주는 말을

햇살 보드라운 잔디에 앉아
장미를 말할 적에
장미는 인생을 붉고 아름답게 살라 했지.

등나무 그늘에 앉아
라일락을 말할 적에
라일락은 인생을 향긋하고 푸르게 살라 했지.

소나무 가지에 기대어
단풍잎 가을을 마실 적에
가을은 인생을 강하고 황홀한 결실로 살라 했지.

아픔 같은 밤을 근근이 걸어
그대 진초록물만 출렁이는 꽃병을 들었기에
나는 장미도 라일락도 가을도 전하면서
달맞이꽃, 해바라기도 분명히 건네었지.

---

* '한글문학' 제9집 55쪽(편집 한글문학회장 안장현. 발행 교음사, 서울. 1989. 2. 20.)
* '서울교육' 2003년 가을호 권두시(발행 서울특별시교육과학연구원. 2003. 9.)
* '한국 시 대사전' 3295쪽(발행 이제이피북, 서울. 2011. 3. 31.)

바람

바람이 무어라
하며 달린다.

부드럽게, 거세게
바람이 무어라
하며 달린다.

둑길 따라 꽃길 따라
함께 달려 귀 기울여도
들릴 듯 말 듯

한들한들 잎새에 물어도
고개만 설렁설렁
너울너울 꽃가지에 물어도
고개만 설렁설렁

산까치 날아드는 산기슭 길목
갈매기 자유로운 해변 길목
두 갈래 길목 내가 먼저 버티었지.

바람은 바람은

그제야 큰 소리 말을 연다.
올 데도 갈 데도
많기도 많지만
머물 곳 없는 허공 같은 아픔
오늘은 내 옷자락 속
간신히 잠들고 싶단다.

* '월간문학' 2003년 4월호 148쪽(발행 한국문인협회, 서울. 2003. 4. 1.)

곱게 보는 마음을

하늘하늘 바람결에 나부끼는
발간 꽃잎을
곱다 하는 그 마음으로
조금만 더 다른 사람을
고운 마음으로 보자.

유채꽃 들판 걸으면
유채꽃 샛노란 향기
아카시아 산길 걸으면
아카시아 새하얀 향기

산에는 이른 아침 산새 소리
계곡에는 맑게 흐르는 냇물
제마다 제 아름다운 향기

향기를 향기롭다 하는
그 예쁜 입술로
조금만 더 다른 사람을
고운 언어로 말하자.

* '월간문학' 2006년 5월호 93쪽 (발행 한국문인협회, 서울. 2006. 5. 1.)

마음

우주 심장 깊이 숨겨 있는
숨결이 퍼져 옵니다.

한없는 말은
보름 하늘 꽉 찬 달빛입니다.

마음은 마음만 있으면
꽃이 되고 냄새가 되고
허공이 됩니다.

마음은 마음이 나비가 되고
닻이 됩니다.
우주 어디에나 나를 내려 줍니다.
그래도 마음은
제 자리에 제 얼굴입니다.

* 'PEN문학' 2012년 1 · 2월호 36쪽(발행 국제펜클럽한국본부, 서울. 2012. 1. 5.)

사색

문득 피어나는 소리가 있다.
나의 하늘에서 열려
나의 하늘로 들어가는 소리다.
학문을 함은 무엇이랴?
줄기차게 탐구함이라.
스승이라 함은 무엇이랴?
비춰 보임이라.
나아가, 인류와 역사의 짝이요 빛임이라.
하늘의 뜻을 받듦은 무엇이랴?
경건히 그 뜻을 찾고 베풂이라.
그리하여 영구히 '참'(眞)이 됨이라.

* 허만길 저서 '빛이 반짝이는 소리' 102~103쪽(발행 학예사, 서울. 1975. 10. 20.)

아픔

가을 산새 소리
산 너머 사라지듯
어깨마다 줄 지어
넘어가는 시간들

거칠게 몰려오는
바람이 쓰라려 함은
길 잃을까 몸부림 하는
먼별의 모진 아픔

아무리 아름다울지라도
우주 속 제 각각은
끊임없이 빠져나가는 시간 붙들고
아픔의 마주침 이기고자 아픔 한다.

* '월간 순수문학' 2013년 11월호 92쪽(발행 월간 순수문학사, 서울. 2013. 11. 1.)

끝과 시작

생글생글 장미 웃음 아름다움으로
나를 찾은 그 별빛은
일억 광년 전 먼 길을 떠나왔단다.
꽃단장 몸매에는 담뿍 뿌린
향수가 아직 조금 남아 있었다.

기어이 오고 보니
지금 그 자리에 있을 제 모습이
차마 그려지지 않는단다.

고비사막 회오리바람으로 올라
서울 하늘 둥둥 뜬 누른 먼지도
그러하거니와

모든 것은
이른 봄날 매화가지 끝에 날아와 앉아
언제인 듯이 다시 훌훌 어디론가 날아오를
참새의 한 순간 호흡처럼
끝자락과 시작자락이 같은
거기에 있는 것.

* '월간 문학공간' 2012년 6월호 125쪽(발행 문학공간사, 서울. 2012. 6. 1.)

자비와 사랑 베풀기를

자비와 사랑 받기를 원하거든
자비와 사랑 주기를 쌓으라.

절에서 교회에서 성당에서
어렵고 힘든 너와 너의 가까운 자를 위해
자비와 사랑 내리기를 빌고자 하거든
어렵고 힘든 네 이웃과 사회를 위해
자비와 사랑 널리 베풀기를 쌓으라.

부처와 관음보살의 자비는
불경의 글줄 외는 재주로 꽃핌이 아니다.
부처와 관음보살의 자비의 본받음으로 꽃피느니라.

예수와 성모 마리아의 사랑은
성경의 글줄 외는 재주로 꽃핌이 아니다.
예수와 성모 마리아의 사랑의 본받음으로 꽃피느니라.

자비와 사랑은 돈이 아니거늘
지위나 권력이 아니거늘
자비와 사랑은 네 마음이니라.

돈 있는 자도 지위나 권력 있는 자도
자비와 사랑 텅 비어 있는 자 허다하거늘
육체가 건강하고 나이가 많아도
자비와 사랑 텅 비어 있는 자 허다하거늘
자비와 사랑은 네 마음이니라.

불경의 글줄 요리조리 다 따지며 외는 자도
성경의 글줄 요리조리 다 따지며 외는 자도
자비와 사랑 까마득히 채우지 못한 자 허다하거늘
자비와 사랑은 네 마음이니라.

돈 없어도 지위나 권력 없어도
병들고 힘들고 나이 어려도
눈 멀고 말 못 하고 글줄 하나 몰라도
자비와 사랑 넘쳐 빛나는 자 있거늘
자비와 사랑은 네 마음이니라.

차라리 부처와 관음보살 이름 하나만으로
자비와 사랑 넘쳐 빛나는 자 있거늘
차라리 예수와 성모 마리아 이름 하나만으로
자비와 사랑 넘쳐 빛나는 자 있거늘

자비와 사랑은 네 마음이니라.

영원을 영원히 복되게 살려는 자
자비와 사랑 널리 베풀어 쌓기를
아끼지 말며 게으르지 말라.
말없이 먼저 나아가 베풀라.
주저 없이 먼저 다가가 베풀라.
인내하고 인내하며 그리하라.

자비와 사랑의 열매
쉽게도 이루어지고 어렵게도 이루어지나니,
인내하고 인내하며 그리하라.

* '월간 문학공간' 2006년 1월호 134~136쪽(발행 문학공간사, 서울. 2006. 1. 1.)

두 가지 냄새

늦은 밤 불 켜진 두 건물에서
새어 나는 두 냄새가 있었다.

한 냄새는 남을 먼저 생각하며
착하게 열심히 살려는 진실이 향기로웠다.

또 한 냄새는 자기만 먼저 챙기는
입술 달콤한 거짓과 간교가 넘실거렸다.

새벽녘 두 건물에 하늘빛이 내렸다.
한 건물에는 복 굴러드는 향기가 넘치고
다른 건물에는 추악한 냄새가 앙상했다.

* '의령문학' 제13호 235쪽(발행 의령문인협회, 경남 의령군. 2009. 12. 29.)

한마음

너와 나 만나서
우리 행복하여라.

해와 달과 별
한 하늘 동산에 누워
빛, 빛, 빛
주고받으며 한마음이듯

너와 나 만나서
한 행복 초원에 누워
꿈, 꿈, 꿈
주고받으며 한마음이어라.

정다운 우주
눈부신 영원

아름다운 만남
한마음 행복
너와 나.

* '의령문학' 제12호 247~248쪽(발행 의령문인협회, 경남 의령군. 2008. 12. 30.)

희망으로

태어난 삶을
괴롭다고만 하지 말자.

손과 다리와 더운 가슴
지혜로운 머리가 있잖아요.

불타며 달릴수록
더 존엄하고 더 영원한 태양 더불어
살고 있는 우리들.
하늘 바다 아름답게 누비는
별들도 사색해야지요.

태어난 삶의 보배로운 존재여,
절망으로 내려다보지 말고
고달파도 희망으로 힘 솟구치면
금빛보다 찬란한 값진 삶 우리 우뚝하리니.

* '의령문학' 제14호 274쪽(발행 의령문인협회, 경남 의령군. 2010. 12. 27.)

뿌리의 고생

꽃밭을 거니는 사람들
꽃 고와라 꽃 고와라 하네.
고운 걸 곱다 하니
고운 걸 밉다 하는 말보다 좋건만
아무도 꽃 뿌리 힘들었다 말하지 않네.

아까시나무 높은 줄기도
돌같이 단단한 땅속 파고드는
보이지 않는 뿌리로 일어서듯
보이는 모든 것에는
보이지 않는 아픔의 견딤이 숨어 있다.

꽃 아무리 고와도
나무 아무리 높아도
그 뿌리 고생한다는 말
제대로 듣지 못했네.

* '한국 현대시' 제10호 190쪽(발행 한국현대시인협회, 서울. 2014. 1. 15.)

시작

땅뿌리처럼 낮은 데서나마
하늘 지붕 오르려는
작은 풀꽃 같은
그리움이 있다면
그대는 가을에 시작하여도
아직 한창 봄의 아름다움이어라.

깨끗한 알프스의 별빛을 지키는
소녀의 아리따운 눈물을 생각하는
낭만을 잃지 않았다면
그대는 겨울에 시작하여도
아직 알래스카의 두꺼운 얼음도 녹일
뜨거운 청춘이어라.

묵은 껍데기 속
깊이 다져진 찬란한 진주를
손끝만큼이나마 감동하는 마음이 살았다면
그대는 언제 시작하여도
아직 늦지 않을 결실을 기약하리라.

시작은 아름다운 꿈으로 흐르고

시작은 뜨거운 생명으로 흐르고
시작은 그윽한 향기로 흐르고
시작은 언제나 탐스러운 결실로 흐르는
신비의 약수 같은 것

오직 시작을 아끼지 않고
두려워 않는 그대에게는.

* '비상기획보' 1994년 봄호 49쪽(발행 국가안전보장회의 / 비상기획위원회. 1994. 3. 1.)

제2부

젊음

젊음
젊은 날의 아픔
미루나무 젊음
젊음의 춤
미나의 고독
우정의 자리–악보

젊음

차라리 밥을 굶을지라도
꿈을 굶주릴 수 없던 황금의 때

걸어서 걸어서 백만리 밖이라도
한 이삭 이상을 주울 수만 있다면
육신이야 아무리 헤어져도 상관 말자며
정열에 불타던 때

큼직한 진리 향한 일이라면
쉽게 살기보다는
어렵게 살기가 달고
편하게 어울리기보다는
외로운 몸부림이 가쁘던
태양의 나날이여.

아무리 세상이 어두워도
내 뜨거운 젊음이 살아 숨쉬는 한
영원히 새벽은 밝아 오고
사람은 사람으로
고귀한 자리로 기어이 오르게 하리라
다짐하던 아픈 세월이여.

지난 그 젊음에 심은 꿈
지금도 알뜰히 내 영혼에
새벽처럼 살아 있어
아직도 세상은 찬란한 무지개로 비치고
사람은 사람으로 고귀하게 오르려 한다.

* '월간 순수문학' 2000년 11월호 60~61쪽(발행 월간 순수문학사, 서울. 2000. 11. 1.)
* '월간 순순문학' '2000년 올해의 시'로 선정되어, 월간 순수문학 2000년 12월호 101~102쪽에 다시 실림.
* '한국 시 대사전' 3294쪽(발행 을지출판공사, 서울. 2004. 12. 1.)
* 시 '젊음'은 대학생 모임 행사에서 애송되고 있음.

젊은 날의 아픔

파란 들판을 허덕허덕 몸부림하다가
한 자락 하늘을 보아도
영혼 없는 영원과 피 끓는 현실이
하나로 비어 있을 뿐이었다.
내 꿈 익을 날에는
온 우주 구석구석
황금 보리알처럼
볼록볼록 알배리라는 다짐이었다.
뒷동산 앵두는 그리도 쉽게 익는데
한없이 텅 빈 그리움만 속 끓었다.
바람결 한 줄기 뻐꾸기 소리조차
턱턱 숨 막히는
뜨거운 사막의 따가운 맨발 걸음 소리였다.

* (계간) '문예춘추' 2011년 가을호 71쪽(발행 도서출판 씨알의 소리, 서울. 2011. 9. 29.)
* '문예춘추' 제1회 청백문학상(*작품의 청백정신 탁월. 2011. 12. 23.) 수상 대표작의 하나

미루나무 젊음

햇살 가득 미루나무 둥지는
가슴과 가슴 만나던 보금자리.
턱 괴고 엎드려 우리 젊음 넘실이면
힘찬 날개짓 산새는 하늘 솟았지.
사랑도 괴로움도 찐한 설렘이었어.
오늘은 외로운 비, 너의 미소 거기 맴돌려나.

별빛 가득 미루나무 둥지는
인생과 인생 만나던 보금자리.
뜨거운 대화 다정한 우정 자꾸 쌓이면
허공 속 인생 그림 향기도 물씬했지.
사랑도 괴로움도 찐한 설렘이었어.
오늘은 외로운 비, 너의 미소 거기 맴돌려나.

* '한글문학' 제37호 1998년 겨울호 157쪽(발행 한글문학사, 서울. 1998. 12.)
* '한국 시 대사전' 3294쪽(발행 을지출판공사, 서울. 2004. 12. 1.)

젊음의 춤

불타는 별들의 화끈한 열과 빛
쏟아지는 소나기의 상쾌함.

천년토록 지치지 않을
울분보다 진한 호소 같은 것.
우주의 빅뱅 속
거칠게 숨 터지게 내달리는
몸부림 기적 소리.

밝음 창조하는
칠흑 밤 불꽃이 탄다.
사막 그림자 위로
서서히 오아시스 물결은 출렁일 것인가.

* '새문학신문' 제13호 7쪽(발행 새문학신문사, 서울. 2012. 5. 8.)

미나의 고독

미나야. 가을의 은은한 햇살이 감미롭게 포동포동 단풍을 살찌게 하는 한산한 오후, 낙엽 지는 은행나무 아래 금방이라도 두 어깨 흐느낄 것만 같이 서성이는 유라를 너는 보았는가. 먼 강변의 길섶에까지 무겁게 퍼져 오는 고독, 고독, 뿌리치지 못하는 고독의 그늘.

미나야. 세상의 수많은 그런 유라들을 너는 아는가. 296명의 유라들 가운데 77%의 유라들이 그렇게 고독에 허덕임을 나는 알았단다. 소외감으로, 좌절과 불안으로, 진실한 대화의 친구가 없음으로, 메울 수 없는 쓸쓸한 그리움으로 책 속을 헤매고, 음악에 뒤척이고, 일기장을 휘갈기고, 보아 줄 이 없는 편지 썼다가는 지우고, 어둠과 불빛 어지러움의 거리 아프게 누비고, 밤새도록 촛불 지키며 울음으로 지치는 그 많은 유라, 유라들을 아는가.

미나야. 너는 이처럼 수많은 유라들의 쓰라린 고독의 고통을 모르고, 너만이 고독의 세계에 가슴 죄며 열등감과 예외적 존재감의 늪에서 헤맨다고 스스로를 비웃고 있는 것은 아닌지?

미나야. 나의 젊은 나날 또한 그 모든 것의 막막한 수수께끼 앞에 헬 수 없는 밤 뜬눈으로 지새우며, 고독의 소용돌이 속에 지치고 또 지쳤단다. 그러나 끝내는 두꺼운 고독의 장벽 속에 핀 찬란한 빛 알맹이 하나 얻을 수 있었단다. 사랑하는 미나야, 자랑스러운 수많은 유라야. 그 고독 원망하지 말며, 그 고독 피하지 말며, 기어이 맞싸워 꿰뚫어 인생의 뜨거운 깃발 높이 흔들려무나.

* 허만길 시인이 서울 영등포여자고등학교 교사 재직 중 1983년 11월 2일(수) 일곱째 시간에 강당에서 1학년 15학급 합동 표현 활동을 지도하면서 읊은 시.
* '월간 순수문학' 2013년 2월호 51쪽(발행 월간 순수문학사, 서울. 2013. 2. 1.)

우정의 자리

내 사랑하는 친구와 물가에 앉을 적
새들은 맑은 노래, 꽃잎들 생글였네.
다정한 그대 모습, 변치 않을 우리 우정
쪽빛 고운 물에 맹세로 감돌았네.
오늘 그 얼굴 못 잊어 강물만 사랑하네.
오늘 그 얼굴 못 잊어 강물만 사랑하네.

내 사랑하는 친구와 오솔길 걸을 적
솔바람 상쾌히 날고, 향내는 어울렸네.
다정한 그대 모습, 변치 않을 우리 우정
은빛 하늘가에 맹세로 사무쳤네.
오늘 그 얼굴 못 잊어 강물만 사랑하네.
오늘 그 얼굴 못 잊어 강물만 사랑하네.

* 허만길 시집 '열다섯 살 푸른 맹세' 62쪽(발행 푸른사상사, 서울. 2004. 11. 27.)
* 신동민(남부대학 음악학과 교수) 작곡으로 '한겨레 가곡집' 제7집 34~39쪽에 가사와 악보 실림(발행 한겨레작곡가협회, 서울. 2013. 12.)
* 신동민 작곡, 바리톤 유훈석(이탈리아 베르첼리 아카데미아 최고연주자과정 졸업. 대학 성악과 강사) 노래로 '한겨레 가곡집' 제7집 CD음반(앨범)에 실림(제작 한겨레작곡가협회/장충레코딩스튜디오, 서울. 2013. 12.)
* '영등포투데이 신문'(2014년 2월 4일 8쪽. 서울 영등포구)은 허만길 시 '우정의 자리' 가곡 음반(앨범) 제작과 관련하여 "우정의 변치 않을 맹세와 애절함을 아름답고 깔끔한 언어로 표현한 시와 은근하면서도 시원한 바리톤 음성과 맑은 피아노 반주곡이 매우 잘 어울린 가곡"이라고 했음.

제3부

아침 강가에서

아침 강가에서
당신이 비칩니다
초여름이 설레면
초여름 강가에서
미시령 넘어서
강화도 나들이
보름 전 그믐달
혼자 바닷가에 서면
함박눈을 만지며
달과 강
새벽
새해
여의도 꽃길

아침 강가에서

차가운 아침 강가에서
나는 가슴 두근거렸다.

푸른 깃털 붉게 물들이는
한 마리 청둥오리라도 만날까 싶어.

차가운 아침 강가에서
나는 애타게 기다렸다.

지난 밤 강물에 띄운
한 줄기 그리움 햇살 타고
하마 치오를까 싶어.

* 허만길 시집 '당신이 비칩니다' 44쪽(발행 도서출판 영하, 서울. 2000. 12. 23.)
* 제3회 나라사랑 사화집 '고궁과 하늘 사이' 70쪽(한국현대시인협회 편. 발행 시문학사, 서울. 2013. 10. 15.)
* 충남 보령시 '시와 숲길 공원'에 2012년 5월 12일 허만길 인물상과 시 '아침 강가에서'와 허만길 약력이 조각됨.
* 한국현대시인협회 주최 경복궁 시화전(2013. 10. 19.~10. 20.)에 전시하고, 개막식 행사에서 허만길 시인이 직접 낭송함.

당신이 비칩니다

푸르른 유월 나무 잎새 위로
해가 비칩니다.
곱고 빛나는 해가 비칩니다.

당신의 행복이 다가오듯
곱고 빛나는 해가 비칩니다.

당신이 비칩니다.

* 허만길 시집 '당신이 비칩니다' 108쪽(발행 도서출판 영하, 서울. 2000. 12. 23.)
* 시 '당신이 비칩니다'는 2009년 11월 30일 충남 보령시 '개화예술공원'에 허만길 직접 쓴 글씨(육필)로 시비로 건립됨.

초여름이 설레면

새푸른 강둑길 초여름이 설레면
꽃잎에 묻은 하얀 미소처럼
삶은 언제나
새로운 가슴으로 산다는 것을 안다.

새푸른 강둑길 초여름이 설레면
적셔 오는 강물의 깊은 영혼처럼
삶은 언제나
새로운 무게로 산다는 것을 안다.

해는 점점 타고 별은 점점 정답고
딸기는 멀리서도 익고
삶은 땀이며 애정이며 정열임을 안다.

새푸른 강둑길 초여름이 설레면
밤에 울어도 지치지 않는 부엉새처럼
삶은 언제나 아픈 그리움이며
시작하는 절규임을 안다.

* '새교육' 1990년 5월호 145쪽(발행 한국교원단체총연합회 한국교육신문사, 서울)
* '한국 시 대사전' 3295~3296쪽(발행 이제이피북, 서울. 2011. 3. 31.)

초여름 강가에서

푸른 풀숲에는
하늘하늘 샛노란 꽃잎

조약돌 간지러운
강가에는 눈부신 햇살이 놀았다.

나 하나, 그대 하나 나누고 싶어
파란 풀꽃 줄기
떨리는 가슴으로 만지는데

새하얀 황새 한 마리
내 마음 닮은 동그라미 그리며
강물 위에 고운 그림자 수놓았다.

* '월간 문예사조' 2002년 8월호 46쪽(발행 문예사조사, 서울. 2002. 8. 1.)

미시령 넘어서

미시령 눈보라
밤바람 차가워라.

목도리 움켜잡고
뛰어 뛰어 고개 올라
동해 물빛 살피려니,

조각달 외로움에
멀리 어둠이 덮이고
꽃밭처럼 아름다운 불빛
속초 먼저 반기더라.

인심 따라 찻길 따라
끌리는 마음 발길 닿으니,
새하얀 넓고 거센 파도
거기 바로 동해일 줄이야.

어둠도 외로움도 이곳엔 말을 잊고
밤도 낮도 이곳엔 아랑곳없고
북태평양의 맏아들
웅장한 동해.

미시령 넘어서.

* 2001년 12월 21일 지음.
* '한국 현대시' 제2호 117쪽(발행 한국현대시인협회, 서울. 2007. 12. 25.)

강화도 나들이

전등사 대웅전 오름길
쓸쓸한 한겨울에도
오직 한 송이 노란 민들레
석가불 미소로 온갖 중생 반기려는
아픔의 법열인가.

동막 겨울 해변
휘몰리는 안개 바람
모래알은 차갑고
뉴질랜드 미션베이 초겨울 해변처럼
무엇이 괴로워
가랑비는 이리 따가운가.

황산도 밤바다
휘황한 초지다리
군데군데 어둠 속
정겨운 불빛.

호젓이 창가에 기대어
애타게 눈길 주어도
비구름 속 외로이 웃고 있을 달빛은

끝내 나를 보지 못하네.
끝내 나를 보지 못하네.

* 2002년 12월 16일 지음.
* '월간문학' 2008년 2월호 46~47쪽(발행 한국문인협회, 서울. 2008. 2. 1.)

보름 전 그믐달

만났다가 떠남인가.
떠났다가 만남인가.

보름 전 그믐달
오늘은 둥근 보름달

있다가 없음인가.
없다가 있음인가.

지난 밤 서쪽 금성
이 새벽 동쪽 샛별

지는 해 밤이더니
뜨는 해 아침이구나.

* '월간 문예사조' 2002년 8월호 46~47쪽(발행 문예사조사, 서울)

혼자 바닷가에 서면

혼자 바닷가에 서면
어릴 적보다도 더 먼 옛날
아련히 새겨 둔
그리움을 만나는 듯하다.

가까이는 다가서지도 않고
항상 멀찌감치에서
수없는 세월을 지키듯
하늘 끝닿는 데도 없이
한없이 퍼져 있는
내 그리움의 먼 바다.

혼자 바닷가에
하염없이 서면
비로소 수억 년도 더 된
수많은 하늘 다리 건너
아련한 나의 그리움의 바다로
커다란 꽃이파리 뗏목 하나 놓인다.

* 2005년 5월 11일 아침, 충남 대천바다 앞에서 지음.
* '월간문학' 2006년 5월호 92쪽(발행 한국문인협회, 서울. 2006. 5. 1.)

함박눈을 만지며

연주황빛 복주머니 웃음 같은
달이 만든 그 빛줄 따라
한밤에 눈이 내렸다.

꿈꾸는 사람들의 꿈이 무거울까 봐,
하늘거리는 가벼움으로 내렸다.

쌓인 눈을 만져 본다.
기쁨의 탐스러움, 넉넉함의 반짝임.

꽃사슴 눈빛처럼 착한 꽃잎으로
세상 아픔 다 잠재우며 꿈이 포근한
쌓인 함박눈.

* 서울 '신길1동 동네소식' 창간호 1쪽(발행 서울특별시 영등포구 신길1동 주민자치 위원회. 2011. 1. 1.)

달과 강

밤하늘이 주는 웃음
달빛
한 점 초밥
그 웃음에 찍어 삼킨다.

늦은 밤 강물은
하얀 어깨 살 들썩들썩
별을 품고 춤추고
나는 모래밭 은방석에 앉아
또 한 점 초밥
달과 함께 나눈다.

* 한국현대시인협회 사화집 제33집 '큰 오색 딱따구리' 255쪽(편집 한국현대시인협회. 발행 시문학사, 서울. 2011. 12. 20.)
* 성실한 고향 후배 허선도 님이 부산에서 '월강(月江) 초밥' 음식점을 알뜰히 운영한다는 소식을 듣고 시상이 떠올라 지은 시.

새벽

멀리 새벽이 솟는다.
훤히 첫동이 보인다.

깊은 수렁 속처럼 무겁던
아픔과 고난
몸부림과 허탈
말끔히 아물게 할 먼동이 튼다.

오르고 싶던 슬기
이루고 싶던 절규
반기고 싶던 사랑
억세게 잘 되라며
기적 같은 용기, 신비 같은 힘
기쁨으로 뻗쳐 넘친다.
가슴 가득 스며 용솟는다.

물이 그리운 사람
깊고 맑은 샘물을 만나고
꽃이 그리운 사람
넓고 환한 들판 찬연한 무지개 속에 서고
웃음이 그리운 사람

눈부신 태양을 끌어안는다.

멀리 동이 튼다.
긴 어둠이 깨어난다.
저마다의 소망과 행복과 인생이
침묵을, 진통을, 고독을 넘어
신선하고 탐스러운 높은 빛이 된다.

이른 첫동이 튼다.
영광이 웃는다.

* '월간 학부모' 1992년 4월호 36~37쪽(발행 월간학부모사, 서울. 1992. 4. 1.)

새해

오늘은 모두가 하얀 배꽃 같은 마음
남의 마음도 내 마음 대문처럼
훨씬 귀해 보이는 날.
올 내내 동녘 해처럼
거룩히 떠오르고 싶어라.

새소리 카랑카랑 목청 틔고
바다 너머 또 먼 바다 너머
나무들 사이로는
가을 옥소리처럼 춤추는 물소리.

땀 밴 자국
부르튼 살결에는
고운 햇살 즐거이 놀고
괴롭던 마디마디
행복은 차올라, 새뿐하여라.

높은 하늘은 높아 보여 아름답고
깊은 강은 깊어 보여 아름답네.

초하루 첫새벽 외연히 서면

삼백예순다섯 날은
민들레꽃처럼 줄지어 웃고,
유난히 자욱한 비둘기 무리
동트는 지평선을
기쁜 노래처럼 박차 오른다.

저만치 뜨겁게 입 맞춰 오는
온갖 그리움.
올 내내 동녘 해처럼
거룩히 떠오르고 싶어라.

* '주간교육신문' 1994년 1월 10일(발행 주간교육신문사, 서울)

여의도 꽃길

여의도 꽃길에서 바라보는 강변 불빛
내 소망 내 다짐이 아롱아롱 맺히어라.
둘레길 돌고 돌며 설레는 인생 이상
비바람 거칠어도 굳세게 헤쳐 가리.
마음 속 무지개 하늘 가득 채우리.

여의도 꽃길에서 바라보는 강변 불빛
내 사랑 내 그리움 아른아른 비치어라.
강바람 꽃향기에 그려 보는 인생 행복
저 달도 저 별도 내 갈 길 밝혀 주리.
마음 속 무지개 하늘 가득 채우리.

* '월간 순수문학' 2013년 11월호 91쪽(발행 월간 순수문학사, 서울. 2013. 11. 1.)
* '월간 순수문학' 2013년 올해의 시'로 선정되어 '월간 순수문학' 2013년 12월호 97쪽에 다시 실림.
* '여의도'는 행정구역상 서울특별시 영등포구에 속하는데, 허만길 시인은 2013년 11월 28일 '영등포투데이 신문' 창간 7돌 기념행사에서 시 '여의도 꽃길'을 낭송해 서울 영등포구청장을 비롯해 각계 주요인사와 지역민들의 환호와 고마움의 인사를 받았음.
* (시를 만든 마음) "이 시는 여의도 꽃길과 둘레길(윤중로)에서 인생 이상과 인생 행복을 가슴으로 다짐하는 것을 주제로 하고 있다. 사람들이 삶의 어려움을 헤쳐 나가겠다는 용기와 자신감을 북돋우는 데 힘이 되면 좋겠다. 특히 청소년과 젊은 이들에게는 원대한 꿈을 지니고 인생을 용기와 희망으로 헤쳐 나갈 수 있는 격려가 되었으면 한다. 누구나 가끔 여의도의 밤을 찾아 한강변 불빛에 자신의 소망과 다짐, 사랑과 그리움을 객관화시켜 보고 앞날을 달려 보면 좋겠다는 생각도 해 본다."
* 언론 보도: '영등포투데이 신문' 2013년 11월 21일 10쪽(발행 영등포투데이신문사. 서울 영등포구)
* 작곡 이일구(가곡 전문 작곡가. 가곡동인 회원). 2014년 12월 '가곡동인' 제10집 가곡집에 악보가 실리고, 제10집 가곡음반(CD)에 노래로 실릴 예정.

제4부

영혼을 위하여

영혼을 위하여
사별의 위로
친구의 죽음 앞에서
제자를 하늘나라로 보내며

영혼을 위하여

이 세상 삶을 떠난 영혼을 위하여
나는 위로의 마음 보낸다.

이 세상 삶을 떠난 영혼을 위하여
나는 자비의 빛 사랑의 빛 진리의 빛
한 알 한 알
기도의 마음 가다듬는다.

이 세상에서 그 무엇으로
괴로움과 서러움으로 사무쳤을지라도
다음 세상에서 영원 행복 누리기 바라며
나는 자비의 빛 사랑의 빛 진리의 빛
비추어 보낸다.

자비와 사랑과 진리의 햇살 받으며
착하게 어질게 깨달으며 수양하며
참하늘나라 어느 좋은 품속에서
불교의 극락정토에서나 기독교의 천국에서나
어느 좋은 하늘 세상에서
새로운 생명과 구원과 소망 넘치기 바라며
나는 영혼에게 힘과 용기 보낸다.

크높은 절대 진리의 위엄과
온 우주와 절대신의 가호와
부처와 보살과 예수와 마리아와
뭇 거룩신의
자비와 사랑이 충만하소서.

* '한국 현대시' 제4집 280쪽(발행 한국현대시인협회, 서울. 2008. 12. 30.)

사별의 위로

떠나는 임인들 오죽하료.
건지지도 못하며
가슴 치는 이승 사람인들 오죽하료.

사납게 갈라지는 파도, 지진.
잡을 듯 잡힐 듯
기어이 서로 놓치는 울음, 울음….

차라리 잔잔할밖에
차라리 서로 높을밖에
서로 멀리 오를밖에.

떠 있는 별자리가 한 하늘이듯
우뚝한 솔들이 한 숲이듯
외로움과 반가움이 한 얼굴이듯
내 서 있는 자리가 지구 저편을 둘러
다시 나의 자리이듯,

임이여, 서로 어쩔 수 없는 아쉬움
차라리 거두고
넓은 한 울타리 초연히 가슴 새기며

서로 잔잔하도록 복을 빌밖에
서로 높도록
서로 멀리 오르도록
복을 빌밖에.

* '월간 순수문학' 1994년 1월호 213쪽(발행 월간 순수문학사, 서울. 1994. 1. 1.)

친구의 죽음 앞에서

유난히
다정하고 조용한 친구였지.

우리 그때 고등학교 과정
진주사범학교 남녀 학생들
스승의 길 굳게 닦으려고
용암보다 뜨거운 열정 삼키며
시린 몸 주린 배를 데웠었지.

친구도 아직
그날이 조금도 식지 않고
우리도 그날이
샛별처럼 생생히 가까운데
서럽다, 친구여
이리도 덧없이 떠나다니.

심술 띤 먹구름도
고개 숙여 맨드라미처럼 눈시울 붉고
우리는
정말 하는 수 없어 하며
친구 위해 명복만 비네.

유난히
손이 다정하고 마음이 다사롭던
친구여.

* 진주사범학교(초등학교 교원 양성 국립고등학교) 17기 동기 조광남 님을 위한 조시(1992. 8. 26.)

제자를 하늘나라로 보내며

아기자기한 마음씨는
하늘나라 웃음동산을 거닐 것이며,
진실을 들으려는
배움의 열망 어린 귀는
하늘나라의 밝은 뜻을 좇으리라.
바라건대, 좋은 하늘나라
천사의 아름다움으로 태어나라.
하늘이시여,
사랑하는 제자에게
다함없는 명복 내리시옵소서.

* 허만길 시인이 1969년 서울 영등포여자고등학교 제1학년 4반 담임교사 시절 백혈병으로 이 세상을 떠난 제자 이재업 양의 영전에 부친 조시(1969. 1. 19.)

제5부

내 나라 내 겨레

대한민국 상하이 임시정부 자리
영원한 내 나라
나라와 겨레 위해
서울의 새 아침
악성 우륵 찬가

〈대한민국 상하이 임시정부 자리 보존운동 시초의 시〉

대한민국 상하이 임시정부 자리

이만큼이나 큰
조국의 고동이도록
우렁찬 걸음이도록
세계로 지구로 뻗는
희망찬 역사의 함성이도록

먼 이국의 땅 상하이 마당로(馬當路) 306롱(弄)
한 낡은 자리 그리도 구석진 자리에서
우리의 옛 임들
그리도 가늘게
그리도 허덕이며
우리를 지켰을 줄이야
우리를 살았을 줄이야
우리를 키웠을 줄이야.

아, 통곡으로 피로
울며 외치며 쓰러지며
단군을, 김유신을, 세종을, 서산 대사를
이어 주었을 줄이야.

이곳 이웃들에게도
까맣게 전설이 끊어진

조그만 가게 옆 골목
한 허름한 집
집지기 백발 노파가 쓸쓸한
대한민국 상하이 임시정부 자리.

오늘 우리가 서도록
옛 임들 자빠지지 말자며
의기와 혼이 엉기던 자리
대한민국 상하이 임시정부 자리.

그러나 이제라도 조각달 뜨면
두 조각 내 나라 땅 내려다보며
임들의 한 서려 머무를 자리
아직도 숨결 시원히 거두지 못할 자리
상하이 마당로 뒷골목
고결한 보국충정 피맺힌 자리여.

내 조국, 내 겨레 얼룩진
거룩한 자리
대한민국 상하이 임시정부 자리.
우리가 버려 둔 자리.

〈1990. 6. 13.〉

* 허만길은 문교부 중앙교육연수원 장학사로서 한국과 중국 사이에 정식 국교가 없던 시기에 한국 교원국외연수단을 인솔하여 1990년 6월 13일 중국 상하이 마당로(馬當路) 306롱(弄)에 아무 표적 없이 중국인이 살고 있는 대한민국 상하이 임시정부 자리를 둘러보고, 현장에서 연수단이 탄 버스 안에서 '상하이 임시정부 자리'라는 제목으로 이 시를 읊고, 귀국 즉시 대한민국 광복 후 최초로 대한민국 상하이 임시정부 자리 보존 운동을 펼쳐 성과를 거두었음. 처음에는 시 제목을 '상하이 임시정부 자리'라고 했으나, 뒤에 '대한민국 상하이 임시정부 자리'로 바꾸었음. 자세한 내용은 허만길 저서 '정신대 문제 제기 및 대한민국 임시정부 자리 보존 운동 회고'(발행 에세이퍼블리싱, 서울. 2010)에 나타남.
* 시 '(대한민국) 상하이 임시정부 자리'는 '주간교육신문'(1990. 7. 2.), '비상기획보' 1991년 여름호(국가안전보장회의 / 비상기획위원회), 허만길 시집 '당신이 비칩니다'(발행 도서출판 영하, 서울. 2000), '한국 시 대사전'(발행 이제이피북, 서울. 2011) 등 여러 문헌에 실리었으며, (한국·중국·일본 시인 시화집) '동북아시집'(편찬 한국현대시인협회. 발행 도서출판 천산, 서울. 2008. 10. 29.)에 한글로 된 시(631~632쪽)와 더불어 이를 일본어로 번역한 '上海臨時政府の遺跡'(633~634쪽. 번역인 문재구)이 실려 있음. 이 시는 2010년 4월 23일 '시와 숲길 공원'(처음 이름: 항일 민족시인 추모 공원. 충남 보령시 주산면)에 시비로 건립되었으며, 시비의 앞면에는 이 시와 이 시를 짓게 된 배경을 새기고, 뒷면에는 '허만길 약력'을 새겼음.
* [참고] 대한민국 임시정부의 성격을 띤 것은 1919년 3·1운동 직후 중국 상하이에서 수립된 '대한민국 임시정부' 외에도 '대한국민 의회정부'(러시아령에서 선언), '대한 민간정부'(서울에서 선언), '조선민국 임시정부'(서울에서 선언) 등 여러 임시정부가 있었다. 그러다가 1919년 9월 중국 상하이에서 여러 임시정부가 통합된 대한민국 임시정부가 구성되었다. 대한민국 임시정부 청사는 1932년 4월까지 상하이에 있었다. 1932년 4월 29일 윤봉길 의사 의거 후 더욱 포악해진 일제를 피하여 대한민국 임시정부는 1932년 5월부터 1940년까지 8년간 중국의 자싱(嘉興), 항저우(杭州), 쑤저우(蘇州), 전장(鎭江), 난징(南京), 창사(長沙), 광저우(廣州), 류저우(柳州), 구이린(桂林) 등 여러 곳으로 옮겼다. 그 뒤 대한민국 임시정부는 1940년부터 1945년까지 중국의 충칭(重慶)에 정착하였다.

大韓民國の上海臨時政府の遺跡

　　　　　　　　　　　大韓民國人 許萬吉 詩
　　　　　　　　　　　　　　文在球　譯

これ程の大きさで
祖國の鼓動になるように
勇ましい歩きになるように
世界にひろがる
希望があふれる歷史の叫びになるように

遠い異國の土地上海馬當路306弄
古ぼけたところすみの奧に
我等の先輩達は
甚だしくも細く
甚だしくも苦勞しながら
我等を守って下さったのか
我等を生かしたのか
我等を育てたのか

あ! 痛哭の血で
泣き叫びたおれつつ
檀君を, 金庾信を, 世宗大王を, 西山大師を
繋がってくださったのか

ここのとなりにも
全然傳說が斷れた

小さい店屋の横路
ふるぼけた一軒屋
ちびしく老婆一人で家屋を守っている
大韓民國の上海臨時政府廳舍跡

今日の我等がここに立つように
昔の先輩達たおれるなと
意氣と魂が固まった
大韓民國の上海臨時政府廳舍跡

しかし今でも上弦の月が登ったら
二っに分かれた我國土見下ろしながら
先輩のかなしみがかたまっているというところ
上海馬當路の裏路
高潔な報國忠誠心が血で結ばれたところよ

我が祖國 我が民族魂がとまっている
偉大なところ
大韓民國の上海臨時政府廳舍跡よ
我等が捨てていたところよ

〈1990. 6. 13.〉

영원한 내 나라

너와 나 꿈 모여 무지개 뜰 얼굴
그대 영원함에
소망 꽃씨 심습니다.

너와 나 하얀 마음으로 고울 얼굴
그대 영원함에
진실 꽃씨 심습니다.

너와 나 땀 배어 사랑 나눌 얼굴
그대 영원함에
걸음걸음 실천 꽃씨 심습니다.

그대 영원함을 위해서라면
새벽하늘 가득 떠 있는 별처럼
심어야 할 꽃씨 참 많습니다.

* '한국 현대시' 제8호 86쪽(발행 한국현대시인협회, 서울. 2012. 12. 30.)

나라와 겨레 위해

이 강산 곳곳마다 보람의 소리들
내 나라 잘 사소서, 희망이 벅차다.
번영을 누리려면 평화도 가꿔야지
부지런히 부지런히 새롭게 일하세.
손잡고 손잡고 도우며 살아가세.

생기 찬 웃음마다 새로운 기적들
내 겨레 복되소서, 슬기가 넘친다.
새 역사 닦으려면 문화도 가꿔야지.
부지런히 부지런히 새롭게 일하세.
손잡고 손잡고 도우며 살아가세.

앞세우는 태극기에 떨치는 나라 힘
겨레 소망 꽃피소서, 진리가 돕는다.
영광을 다지려면 행복도 가꿔야지.
부지런히 부지런히 새롭게 일하세.
손잡고 손잡고 도우며 살아가세.

* 1976. 12. 16. 지음.
* 허만길 시집 '열다섯 살 푸른 맹세' 111쪽(발행 푸른사상사, 서울. 2004. 11. 27.)

서울의 새 아침

북악이 잠을 깨네, 관악이 눈을 뜨네.
한강이 꿈이 핀다, 서울이여 눈부셔라.
뜨거운 가슴마다 샘솟는 정을 갖고
가정은 단란하고 일터는 보람차리.
영광이 함께 있다. 서울의 새 아침이여.

도봉이 빛 서리네, 남산이 아름답네.
한강이 꿈이 핀다, 서울이여 눈부셔라.
만나는 얼굴마다 상냥한 웃음 띠고
슬기는 넘쳐나고 행복은 출렁이리.
영광이 함께 있다, 서울의 새 아침이여.

* 허만길 시집 '열다섯 살 푸른 맹세' 112쪽(발행 푸른사상사, 서울. 2004. 11. 27.)
* 서울특별시(문화예술과)에서 지하철역 삼각지역, 남태령역 등에 게시(2012. 10.)

악성 우륵 찬가

옛 가야에서 신라에서
우리 음악 가야금 곡
씨 뿌리고 꽃 피우셨네.
가실왕도 진흥왕도 임의 빼어난 재주
사랑하고 높이셨네.
빛이 하늘 길 열듯이
임의 하고많은 가락들
아름다움의 빛의 길 열었네.
노래와 춤도 재능 따라 가르치셨네.
성열현에 국원에 임의 자리 곳곳에
열두 줄 어여쁜 슬기로운 소리
지금도 깨어날 듯 어깨 흥이 솟는다.
거룩하시다. 길이 우러름 되시는
음악 성인 우륵 선생
악성 우륵 선생.

* '월간 순수문학' 2014년 3월호 146쪽(발행 월간 순수문학사, 서울. 2014. 3. 1.)
* '제4회 의령 우륵 탄신 기념 학술 세미나 자료집' 표지 뒷면(발행 우륵문화발전연구회, 경남 의령군. 2014. 6. 27.)
* 시 '악성 우륵 찬가'와 관련된 허만길 소논문 '우리 고유 음악에 큰 빛 남긴 악성 우륵 —우륵의 시와 춤의 재능도 조명되어야—' ('월간 순수문학' 2014년 3월호 147~149쪽. 월간 순수문학사, 서울. 2014. 3. 1. / '제4회 의령 우륵 탄신 기념 학술 세미나 자료집' 114~116쪽. 발행 우륵문화발전연구회, 경남 의령군. 2014. 6. 27.) 참고 바람.
* 언론보도: (1) '의령군보' 제254호 2014년 3월 26일 15쪽(발행 경남 의령군 공보담당) 〈허만길 시인, 시 '악성 우륵 찬가' 발표. 소논문에서 우륵의 시와 춤의 재능도 조명 강조. 월간 순수문학 2014년 3월호 게재〉
 (2) '의령신문' 제346호 2014년 3월 28일 3쪽 (발행 의령신문사, 경남 의령군 의령읍) 〈허만길 시인, 시 '악성 우륵 찬가' 발표. 소논문 '우리 고유 음악에 큰 빛 남긴 악성 우륵'에서 우륵의 시와 춤의 재능도 조명 강조. 월간 순수문학 2014년 3월호 게재 및 우륵문화발전연구회에 책 기증〉

제6부

자굴산 있는 고향 의령

고향 집
내 고향 칠곡
칠곡 사랑-악보
자굴산-악보
칠곡 보배로운 땅
의령 아리랑-악보
의령 가례
칠곡 존저암
칠곡초등학교 동문 기림-악보
의령신문 14돌 기림
한우산 철쭉꽃
금지샘 사랑-악보
손바닥만 한 졸업 사진
고향 사람들
어린 날의 친구
의령을 위하여

고향 집

홰치는 첫닭 울음
서당글 늦을세라
후다닥 찬 공기 마당에 나서면
총총히 총기 서린 새하얀 하늘은
불꽃처럼 깨어 있고,
산도 고요 들도 고요.
지친 듯이 마을은 자고 있었지.

그 한 곳 내 집이
누나와 누이동생 우리 다섯 식구
안산 앞에 두고 포근하였지.

아침 이슬 촉촉
동구 밖 밭둑 밟으며
쇠똥 거름 묵직이 망태 속 주워 담으면
등 뒤엔 부스스
갈잎 소리처럼 퍼지는 햇살.
그 햇살 사뿐사뿐
내 집으로 나를 따라 들었지.

쟁기터 산비탈 가쁘게 올라

불땔감 갈비 부지런히 긁으면
사슴은, 순한 사슴은
지겟다리 살피며 어질게 서성였지.
앞산 옆산 일곱 빛깔 무지개
가슴에 쥐고
저녁연기 치솟는 마을 내려서면
빨래하던 누나들, 아낙들, 할머니들
새각시 베개만큼이나 짊어졌다고
놀려대었지.

낯붉혀 허겁지겁
사립문 들어서면은
고맙게도 콩이파리 국밥
무척이나 배불렀지.

김매다
민들레 핀 논두렁에 서면
사방은 어질게 높은 산봉우리.
저 꼭대기 오르면
구름보다 나는 높을까,
하늘보다 나는 높을까,

밤이면 별도 달도
곱게 곱게 만질 수 있을까,
나는 꿈 크고 생각 부풀었지.

맑은 가을
배추 사러 가신 아버지 마중 나갈 적
높은 고개 불티재 내달으며
고개 너머 세상은
무엇이 가득 무슨 모습일까,
끝은 얼마나 간 데 없을까,
나는 숨 거칠고
가슴 터지고 피 끓었지.

내게는 늘
두세 살 네댓 살 그때 그 일 생생한
고향 집이 있고
오붓하고 알뜰한 그 사랑
지금도 따스하여
멀리서 눈 떠도 감아도
내게는 언제나
고향 집 행복.

* '월간 순수문학' 1994년 3월호 181~183쪽(발행 월간 순수문학사, 서울. 1994. 3. 1.)
* 고향 집: 경남 의령군 칠곡면 도산리 260번지를 가리킴.
  갈비: 솔가리. 말라서 땅에 떨어져 쌓인 솔잎.
  쟁기터: 산등성이 이름.
  새각시: 새색시.
  불티재: 경남 의령군 칠곡면에서 화정면으로 넘어가는 높은 고개.

【경남 의령군 칠곡면 애향비(2001년 8월 15일 건립) 시】

내 고향 칠곡

거룩한 하늘 정기 쉼 없이 품어
천세 만세 억억세 다함없이 베푸는
신령스러운 자굴산
아버지인 양 가슴 넓고
어머니인 양 품 따스하다오.

옛 신라 장함(獐含) 읍땅 숨결
고즈넉이 소원 성취 응원한다오.

냇물 따라 까치집 버드나무 정답고
땅심 좋은 기름진 논밭
잘 익은 보리이삭 벼이삭마다
마음 좋은 사람들의 웃음이 넘치지요.

망룡산에서 쟁기터로
쟁기터에서 방갓산으로
고운 하늘 무지개 서면
할아버지, 할머니 얼굴 젊음은 샘솟고
아빠, 엄마 손잡은 어린이들
무지개보다 더 아름다운 꿈 부풀지요.

세월 변하고 사는 모습 바뀌어도
언제나 살기 좋을 겁니다. 정겨울 겁니다.
타향 꿈속에서도 내 고향 그리울 겁니다.

내 고향 칠곡 사람
어디서나 모두 잘 사소서.
후손들이여,
고향 사랑 끊임없이 일구시게나.

* 경상남도 의령군 칠곡면 애향비에 새겨진 시. 높이 약 5m 80cm의 칠곡면 애향비는 면민과 여러 지역 향우들이 애향비 건립추진위원회(위원장 전정田淨. 칠곡면장 허문구)를 구성하여, 173명의 개별 찬조금 2,575만원, 8개 단체 찬조금 390만원, 의령군 예산 지원으로 2001년 8월 15일 건립하였음. 의령군 칠곡면에는 897m의 자굴산이 높게 솟아 있고, 신라 문무왕 5년(685년)에는 장함현(獐含縣) 읍땅이었음.
* 허만길은 애향비의 건립 의미, 건립 과정, 건립 규모, 완공 기념식을 돌이켜본 수필 '의령군 칠곡면 애향비 생각'을 '의령신문' 제340호 2013년 12월 25일 3쪽 (발행 의령신문사, 경남 의령군, 의령읍)에 발표하였음.

칠곡 사랑

유서 깊은 고장 마을마다 행복 가득
맑은 물 시원하고 이산 저산 정겨워라.
마음 따스하고 햇살마다 웃음 핀다.
높고 우람한 자굴산 영원하다.
푸른 정기 넘치네, 도와주네.
칠곡 빛나라. 내 사랑 경남 칠곡.

좋은 기운 품고 마을마다 희망 가득
꽃은 아름답고 새소리 즐거워라.
모두 살기 좋고 별빛마다 꿈이 핀다.
아련한 수억 년 자굴산 신비롭다.
푸른 정기 넘치네, 도와주네.
칠곡 빛나라. 내 사랑 경남 칠곡.

* 허만길 시인은 2011년 5월 30일 시 '칠곡 사랑'을 창작하고, 정미진(서울대학교 음악대학 작곡과 졸업. 서울대학교 대학원 작곡 전공 음악학 석사. 허만길 시인 며느리) 님이 가곡 형태로 작곡한 뒤, 송승연(숙명여자대학교 음악대학 성악과 졸업. 숙명여자대학교 대학원 성악 전공 음악학 석사. 플라워 싱어스 중창단원) 님의 노래로 2011년 7월 1일 CD음반과 카세트 녹음테이프를 제작하여 고향 의령군 칠곡면의 각 가정과 주요 기관에 선사하였음.
* '칠곡 사랑' 노래 제작 및 선사 배경: 2001년 8월 15일 의령군 칠곡면 애향비가 건립된 뒤 2003년 칠곡면장 허문구 님이 서울에 있는 허만길 시인에게 고향에 계시는 분들의 의견이라면서, 장차 칠곡을 위한 노랫말을 만들어 곡을 붙인 노래를 고향으로 보내 주면 좋겠다고 한 바에 따라, 칠곡면 애향비 건립 10돌 해를 맞아 '칠곡 사랑' 노래를 만들어 고향에 선사하였음.
* 가사와 악보 실린 문헌: ▲알림 유인물(2011년 7월 1일) ▲칠곡초등학교 총동문회 2012년도 정기총회 회의자료 3쪽(2012. 5. 5.) ▲부산 지역 의령군 칠곡면 향우회 2012년 정기총회 회의자료 30쪽(2012. 12. 21.)
* 언론 보도: ▲'의령신문' 제281호 2011년 7월 15일 8쪽(경남 의령군 의령읍)
  ▲'의령군보' 제222호 2011년 7월 27일 14쪽(경남 의령군 공보담당)

자굴산

자굴산 상상봉이 아침 희망 비추니
정암루 남강물에 황금빛이 일렁인다.
긴 자락 너른 품안 온갖 생명 힘차고
등마루 오를 때면 인생 이상 높았다.
바라만 보아도 굳센 의지 굳은 다짐
우리 항상 푸른 마음 살자 하네.

자굴산 상상봉이 별빛 사랑 펼치니
옥 같은 물길 따라 밤빛이 아늑하다.
산꽃에도 들꽃에도 아기별들 내리고
산마루 걸린 달빛 인생 이치 맴돈다.
바라만 보아도 굳센 의지 굳은 다짐
우리 항상 푸른 마음 살자 하네.

* '의령신문' 제305호 2012년 7월 13일 1쪽(발행 의령신문사, 경남 의령군 의령읍)

* 자굴산: 지리산 줄기의 하나로 경남 의령군 칠곡면에 산의 중심부가 있음. 높이 897m
* 허만길 시인의 의뢰로 오혜란(작곡가. 편곡가. 음악 감독) 님이 2012년 7월 중순 시 '자굴산'을 가곡 형태로 작곡하자, 이를 2012년 7월 29일 CD음반으로 제작하여 의령군의 주요 기관(의령군청. 의령도서관. 의령교육지원청. 각 읍·면 사무소. 각 중·고등학교) 및 주요 단체에 선사하였음. 노래는 성악가 이승옥(서울대학교 음악대학 성악과 졸업. 서울대학교 대학원 성악과 졸업. 대학 강사) 님이 하였음.
* 언론 보도: ▲'의령신문' 제307호 2012년 8월 10일(경남 의령군 의령읍) ▲'경남도민신문' 2012년 8월 16일(경남 진주시) ▲'한남일보' 2012년 8월 16일(경남 거제시) ▲'경남도민일보' 2012년 8월 17일(경남 창원시) ▲'경남신문' 2012년 8월 17일(경남 창원시) ▲'의령군보' 제235호 2012년 8월 28일(발행 경남 의령군 공보담당) ▲'경남도보' 제593호 2012년 9월 12일 15쪽(발행 경상남도)
* 가사와 악보 실린 문헌: ▲알림 유인물(2012년 7월 29일) ▲전국자굴산모임연합회 2012년 정기총회 회의자료 7쪽(2012. 10. 28.) ▲부산 지역 의령군 칠곡면 향우회 2012년 정기총회 회의자료 31쪽(2012. 12. 21.) ▲칠곡초등학교 총동문회 2013년 정기총회 회의자료 127~128쪽 ▲부산 지역 의령군 향우회 2013년 정기총회 회의자료(2013. 5. 26.)

자굴산

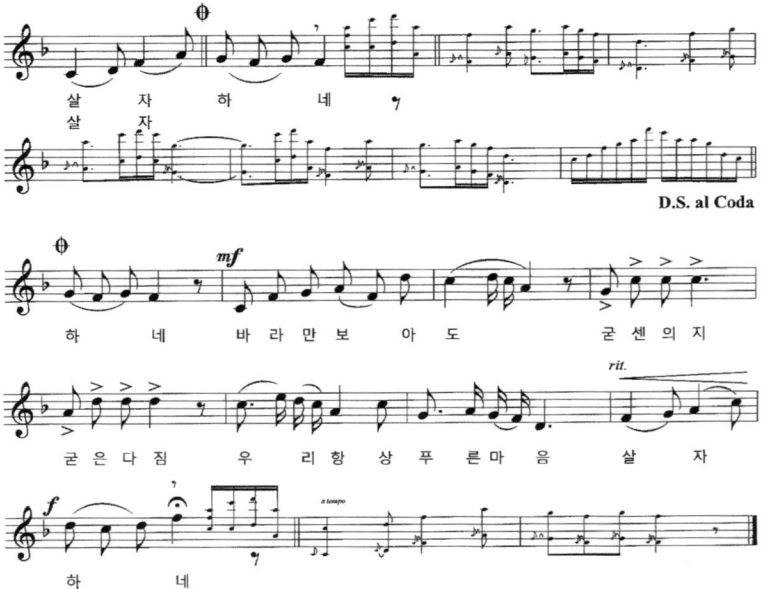

칠곡 보배로운 땅

하늘에서 보아도
땅에서 보아도
생기 차고 아늑한 곳.

하늘과 땅과 사람의
말과 뜻과 소망 오가는
큰 자굴산 높은 그 꼭대기에서
춤추듯 너울진 줄기 줄기
감싸 두른 땅, 칠곡.

꽃향기 안개처럼 전설 아롱진
산들의 아름다운 곳곳과
마을 마을의 이곳 저곳.

산의 숨결 모여 흘러
마음 맑게 일깨우는 수많은 골짜기들.
그중에서도 큰 일곱 골짝 손꼽으며
옛 사람들 치실이라 부르던
평화롭고 넉넉하고
누구나 행복할 고장, 칠곡.

하늘도 귀히 여겨
숨겨 두고 싶은 땅.
자굴산의 맏아들
자굴산 함께 하는
보배로운 땅, 칠곡.

* '의령문학' 제15호 176쪽~177쪽(발행 의령문인협회, 경남 의령군 의령읍, 2011. 12. 23.)
* 칠곡: 경상남도 의령군 칠곡면을 가리킴.

의령 아리랑

아리랑 아리랑 아라리 다리랑
임이랑 손잡고 자굴산 오르니
바위도 좋고요 나무도 좋고요
가슴이 쿵더쿵 꽃들도 좋다네.
임이라 임이라 내 임이 최고라.
아리다리랑 아리다리랑 의령 아리랑

아리랑 아리랑 아라리 다리랑
임이랑 손잡고 정암루 오르니
강물도 좋고요 들길도 좋고요
의병님 함성이 천만년 거룩해.
우륵 선생 가야금 곡조도 그립네.
아리다리랑 아리다리랑 의령 아리랑

아리랑 아리랑 아라리 다리랑
임이랑 손잡고 백암정 오르니
허원보 선생이 첫 현판 걸었네.
손녀의 남편이 퇴계 선생 시 놀이
또 손녀 곽재우 장군을 길렀네.
아리다리랑 아리다리랑 의령 아리랑

* '의령문학' 제17호 212~213쪽(발행 의령문인협회, 경남 의령군 의령읍, 2013. 11. 28.)

* 허만길 시인은 정미진(서울대학교 작곡과 졸업. 서울대학교 대학원 음악학 석사. 허만길 시인의 며느리) 님이 2013년 12월 30일 '의령 아리랑'을 작곡하자, 테너 이재욱(한양대학교 성악과 졸업. 이탈리아 국제 오페라 아카데미 오르페오 ORFEO 졸업. 대한민국 국립오페라단 오페라 주역 공연) 님과 소프라노 이승옥(서울대학교 음악대학 성악과 졸업. 서울대학교 대학원 음악학 석사. 대학 강사) 님의 노래로 2014년 3월 11일 음원(음악파일)을 제작하였음. 2014년 4월 '허만길 작사 의령 사랑 노래모음' CD음반에 '의령 아리랑', '자굴산', '금지샘 사랑', '칠곡 사랑'을 편집하여 고향 의령군의 주요 기관(의령군청. 의령도서관. 의령교육지원청 등) 및 주요 단체에 선사하였음.
* 가사와 악보 실린 문헌: ▲알림 유인물(2014년 2월 26일) ▲'의령군보' 제253호 2014년 2월 26일 15쪽(발행 의령군 공보담당) ▲'의령신문' 제345호 2014년 3월 14일 3쪽(발행 의령신문사) ▲'의령시사신문' 2014년 3월 25일 3쪽(발행 의령시사신문사) ▲부산 지역 의령군 가례면 향우회 2014년 정기총회 회의자료 36쪽 (2014. 5. 16.)
* '의령 아리랑' 해설: '의령 아리랑'은 앞 여음으로서 "아리랑 아리랑 아라리 다리랑", 후렴으로서 "아리다리랑 아리다리랑 의령 아리랑"을 지니고 있으며, 의령의 자연, 역사적 인물, 명소를 소재로 삼고 있다. 3연으로 된 '의령 아리랑'는 각 연마다 "임이랑 손잡고 ㅇㅇㅇ에 오르니"를 공통 구조로 갖추고 있는데, 1연에서는 의령의 명산 '자굴산'에 올라, 2연에서는 1935년 남강 가에 처음 지은 '정암루'에 올라, 3연에서는 조선 전기 유학자로서 퇴계(退溪) 이황(李滉)의 처조부이며 곽재우(郭再祐) 장군을 3살부터 기른 계모 허(許)씨 부인의 친정 할아버지인 예촌(禮村) 허원보(許元輔)가 1480년경 처음 지은 '백암정(白巖亭)에 올라 정서를 펼치는 것으로 되어 있다. 구체적으로 1연에서는 자굴산에 올라 임에 대한 사랑을 다짐하고, 2연에서는 정암루에 올라 주변 경치를 보며 의병의 함성과 우륵의 가야금 곡을 상상하고, 3연에서는 백암정에 올라 예촌 허원보와 퇴계 이황과 망우당 곽재우를 연상하는 내용을 담고 있다.

    작곡자 정미진 님은 "우리나라의 많은 아리랑 곡 가운데 '의령 아리랑'의 곡의 특성을 드러나게 하고, 현재 세대와 먼 미래 세대의 음악 정서를 두루 어우를 수 있는 곡을 만들고자 했다."고 했다.

의령 가례

아득한 선사 시대
사람 발자국 그윽하던 곳.

예촌 허원보(許元輔) 선생 아름답게 예(禮) 밝히며
좋은 고장 만들고자
가례(嘉禮)라 이름 했다는 땅.
그 단단한 마음 굳게 지니려
자신의 호(號)도 그 끝 글자 따서
예촌(禮村)이라 하였네.
스스로 백암(白巖) 정자 현판 걸어
곳곳에서 모인 뭇 선비
뭇 벼슬아치 깊이 사귀며,
숲처럼 무성하던 학문이며
물굽이 술잔 띄워 시 읊던 낭만이며
지금도 생생이 달빛에 서린다.

퇴계 이황 선생
예촌 선생의 손녀 남편 되니,
가례의 학문과 시 꽃에 꽃을 피워
그 향기 더욱 깊고 멀고 야단스러웠네.
그 시절 산골짜기 아름답고 물 좋던 바위

가례동천(嘉禮洞天) 한자로 남긴 글자
아직도 퇴계 선생 숨결 고이 담으니,
가례의 동천이라는 뜻이요
동천은 예부터 산과 물로 둘러싸인
경치 좋은 곳을 뜻하는 말이네.

예촌 선생의 또 한 손녀
어린 곽재우의 세 살 적부터 어머니 되어
나라 구할 의병 장군 큰 인물 길러 내고
직접 낳은 두 아들 의병 활동 눈부셨네.
예촌 선생 증손자
무과 급제 허언심(許彦深) 의병 장령
곽재우 장군의 매부였으니
장군의 가족 돌보며 번개처럼 싸우고
의병 군량 수천 석에
많고 많은 전투 자금 뒷받침하였네.

예촌 선생의 증손녀 남편 오운(吳澐) 의병 장령
백령에서 의병 모아 곽재우 장군과 힘 합치고
정유재란에도 큰 공 세워
권율 장군 치하 받으며 높은 벼슬 값졌네.

예촌 선생의 또 한 증손녀 남편 박녹(朴漉) 의병장
고향 경북 영주 사람들과 어울려
높은 전공 세우고 의금부도사 지냈네.
예촌 선생 외증손자 퇴휴헌 박서휘(朴瑞輝) 선생
곽재우 장군과 가례 고금정 올라
굳은 충의 약속하며 주고받던 시
긴 세월토록 가슴 두드리네.

평화로울 때
예와 학문과 시 해처럼 밝고
나라의 위기에 몸과 재산 아끼지 않았던
위대한 사람들의
위대한 역사의 땅, 의령 가례.
그 거룩한 의미 살리고 살려, 잇고 이어
나날이 다시금 반짝이는 영광이 되라.
의령 가례여, 의령 가례여.

* '의령문화' 제23호 10쪽(발행 의령문화원, 경남 의령군 의령읍. 2014. 1.)
* '부산 지역 의령군 가례면 향우회 2014년 정기총회 회의자료' 34~35쪽(2014. 5. 16.)

칠곡 존저암

먼 옛날 칠곡 도산 땅
첫 허(許)씨 할아버지 그리며 지은
햇볕 따스한 산중턱 아담한 재실(齋室)
존저암(存箸庵).

조선 성종 임금 때 태어나시어(1478년)
중종 임금 때 하늘 오르신(1539년)
선릉(宣陵) 참봉 수(琇) 할아버지 생각나는 집.

내 어릴 때 자주 찾으며
옛 할아버지 맑은 얼굴, 하얀 수염,
인자한 눈 떠올리며
앉아도 보고 누워도 보던 소박한 마루.
작은 샘물 큰 샘물 참 맑고 시원하고
대문 밖 붉은 꽃나무 언제나 정열스러웠지.

존저암 생각하면
오백 년 전 옛 할아버지 미소
포근하게 다가와 후손들을 감싼다.

세상 모두를 위하며 화합하며

바른 삶, 알뜰한 꿈 굳세게 펼쳐라.

먼 옛적 참봉공(參奉公) 수(琇) 할아버지 말씀
사랑으로 다가와 감싼다.

* '의령군보' 제207호 1010년 4월 26일 8쪽(발행 경남 의령군 공보담당)
* 김해 허(許)씨가 경남 의령군에 처음 살게 된 것은 예촌(禮村) 허원보((許元輔 1455~1507년)가 조선 전기 1480년경 경남 고성에서 의령군(당시 의령현) 가례면(당시 가례리)으로 이주하면서부터이다. 허원보의 장남 허수(許琇 1478~1539년)는 한양(서울)에서 선릉(宣陵) 참봉(參奉) 등의 벼슬을 지내고, 말년에 고향 의령군 가례면으로 돌아와 같은 생활 지역권에 속하는 가례면 바로 옆 칠곡면(당시 칠곡리) 수부 마을, 압수 마을, 도산 마을과 두터운 연고를 맺었으며, 무덤도 압수 마을 뒷산에 있다. '존저암'(存箸庵)은 허수(許琇)의 재실(제사 지내는 집. 묘각)로서 압수마을 맞은편 산중턱(칠곡면 도산리 44번지)에 있다. 허원보는 퇴계 이황(허찬許瓚 큰사위)의 처조부이며, 곽재우 장군을 세 살적부터 기른 계모 허씨 부인(허경許瓊 큰딸)의 친정 조부이다.

칠곡초등학교 동문 기림

높고 큰 자굴산 아늑한 터전에
긴 역사 찬란한 전통의 배움터.
한 학교 한 명예 이어 온 영광
큰 뜻과 큰 얼로 온 누리 밝히자.
모두가 든든히 어우르자 힘 되자.
우리는 칠곡초등학교 동문.

예부터 이름난 복된 땅 자리에
알차게 깨닫던 보람찬 배움터.
한 이름 한 줄기 이어 온 선후배
용기와 창조로 온 누리 밝히자.
모두가 든든히 어우르자 힘 되자.
우리는 칠곡초등학교 동문.

* '칠곡초등학교 총동문회 2013년 정기총회 회의 자료' 126쪽(2013. 5. 5.)
* 칠곡초등학교는 1922년 5월 6일 칠곡공립보통학교 4년제로 개교하여, 1926년 3월 23일 제1회 졸업자 41명이 나옴. 허만길은 칠곡초등학교 제30회(1955년 3월) 졸업자임.
* 작곡 허흔도: 칠곡초등학교 제26회 졸업(1951년 3월). 부산사범대학 음악교육과 졸업. 의령문화원 원장(2013년)

허만길 시집 『아침 강가에서』·135

칠곡초등학교 동문 기림

2013년 5월 6일 창작

작사 허만길
작곡 허흔도

높고 큰 자굴산 아늑한 터전에
예부터 이름난 복된 땅자리에

긴 역사 찬란한 전통의 배움터
알차게 깨닫던 보람찬 배움터

한 학교 한 명예 이어온 영광
한 이름 한 줄기 이어온 선후배

큰 뜻과 큰 열로 온 누리 밝히자
용기와 창조로 온 누리 밝히자

모두가 든든히 어우르자 힘되자

우리는 칠곡초등학교 동문

의령신문 14돌 기림

바람 불어도 흔들리지 않았지.
배고파도 흔들리지 않았지.
별 하나 강하게 품고
눈부신 빛 사방으로 펼치려
쉴 틈 없이 달린
만 열네 살 당당한 그대.

그대 집이 의령이라지만
그대 얼굴 곳곳에서 반가워
부산, 대구, 울산, 서울
기다리는 인기 들썩들썩 높지.

그대 말미암아
의령 사람들 멀리 있어도 함께 있고
못 만나도 모두의 마음 보이고
못 가도 내 곁에 고향이 있지.

그대 말미암아
의령의 지난날 가슴에 담자 약속하고
밀려오는 끝없는 바닷물 위에
천년 미래 고향 지도 그려 보지.

그대에게는 영혼처럼
굳게 간직해야 할 것이 있지.
정의를 품은 올바른 말
탐욕과 교만 아닌 지금의 겸허
사사롭지 않은 공정
소식, 문화, 교양, 비판 두루 갖춘 품격.

그대 처음 품은 강하고 설레던 다짐
한강처럼 미시시피 강처럼 아마존 강처럼
수 없는 세월 크게 흐르리.
사람과 시간 옥돌 무지개로 깨우리.

* '의령신문' 제329호 2013년 7월 12일 1쪽(발행 의령신문사, 경남 의령군 의령읍)
* 1999년 7월 7일 창간된 '의령신문'은 의령 발전에 많은 기여를 했는데, 허만길은 '의령신문'에 의령과 관련된 많은 문학 작품, 논문, 칼럼을 발표하였으며, 창간 기념 축시 '의령신문 복되리라'('의령신문' 2003년 7월 10일), '빛나는 고귀한 정신 번득이기를'('의령신문' 2009년 7월 24일), '의령신문 14돌 기림'('의령신문' 2013년 7월 12일)도 발표했음.

한우산 철쭉꽃

옛 이름 찰비산 기상 높은 한우산
차가운 골짜기 찰비골도 품었네.
파란 하늘 입맞춤 봄빛 무리
수줍은 가슴 뜨거운 가슴
어쩔 줄 몰라 차갑게 식히려
분홍빛 꽃잎 되어 내렸는가.
곱게 핀 철쭉꽃 세상 아름답네.

밤이면 하늘 친구 다정한 별들
쉽게 찾을 굽이굽이 산등성이
저 멀리 겹겹 푸른 산 손짓들
바람도 한들한들 정겨운 웃음꽃
사랑스런 사람들 거기서 더 곱네.
산새 소리 맑고 명랑한 한우산
활짝 핀 철쭉꽃 세상 평화롭네.

---

* '의령신문' 제350호 2014년 5월 23일 6쪽(발행 의령신문사, 경남 의령군 의령읍)
* '한우산'은 경남 의령군 궁류면에 있으며, 철쭉꽃이 유명하고 해마다 '한우산 철쭉제'가 열림.

금지샘 사랑

망개떡 손에 드니 하얀 향기 그 임이 웃는다.
감꽃 핀 달빛 속에 청미래덩굴 잎 감싸던 미소.
억새풀 부여잡고 허둥지둥 돌너덜 올라
자굴산 금지샘물 손에 움켜 주고받던 맹세.
그 사랑 행복했네. 영원토록 아름다운 사랑.

망개떡 곱게 빚던 하얀 얼굴 그 임이 비친다.
산바람 별빛 아래 청미래덩굴 잎 매만지던 손결.
산수유 나무 잡고 엉금엉금 신선덤 올라
자굴산 금지샘물 손에 움켜 주고받던 맹세.
그 사랑 행복했네. 영원토록 아름다운 사랑.

* '참여문학' 2011년 겨울호 통권 48호 45쪽(발행 도서출판 문예촌, 서울. 2011. 12. 15.)
* 【시를 만든 마음】 자굴산은 지리산 줄기의 897m의 높은 산으로서 경남 의령군의 정기 맑은 영산이다. 많은 전설이 전하고, 경치가 아름답다. 산꼭대기 가까이 깎아지른 절벽 아래 동굴이 있고, 동굴 속의 금지샘이 유명하다. 금지샘에 얽힌 이야기는 참 많은데, 병자호란 때 청나라 군사가 말에게 물을 먹이려고 하자, 금지샘의 물이 금방 한 방울도 남지 않고 마르면서 적군에게 물을 주지 않았다는 소식 이후 금지샘은 더욱 신령스럽게 생각되었다고 한다.

  시 속에 나오는 '돌너덜'은 돌이 많이 흩어져 있는 비탈을 뜻하는데, '너덜', '너덜겅'이라고도 한다. '신선덤'은 신선바위라는 뜻인데, '덤'은 '바위'의 경상도 방언이다. 망개떡은 옛날부터 경남 의령을 중심으로 하여 만들어 온 토속 음식이다. 경남과 부산에서는 떡장수 아주머니들이 함지박을 이고 다니면서 망개떡을 팔았다. 지금도 망개떡은 의령 지방의 명품이다. 얇은 쌀가루 떡 속에 팥소를 넣고 이를 두 장의 청미래덩굴 잎으로 감싸 만든다. 경상도에서는 청미래덩굴을 '망개나무'라고 하는 데서 '망개떡'이라 불리게 되었다. 표준어로서 '망개나무'는 따로 있다.

  자굴산을 바라보며 자라 온 나는 그곳의 금지샘과 의령의 명품 망개떡과 남녀의 소박한 사랑을 소재로 하여 서정성과 서경성과 서사성을 묶어 영원한 세월 속에서도 희망이 흐르는 이미지의 시 '금지샘 사랑'을 창조하고 싶었다.
* 허만길 시인은 오혜란(작곡가. 편곡가. 음악 감독. 현악합주단 'Ullim'단장) 님 작곡, 이장호(가요 전문 가수) 님 노래로 2013년 8월 1일 대중가요 형태의 '금지샘 사랑' CD음반을 제작하여, 고향 의령군의 주요 기관과 단체에 선사하였음.
* 언론 보도: ▲ '연합뉴스' 2013년 8월 20일(서울) 〈의령 향우 허만길 시인, 시 '금지샘 사랑' 대중가요로 제작, 고향에 선사〉 ▲ '중앙일보' 2013년 8월 20일(서울) ▲ '경남여성신문' 2013년 8월 20일(경남 창원시) ▲ '뉴스웨이' 2013년 8월 20일(서울 여의도동) ▲ '경남도민신문' 2013년 8월 21일(경남 진주시) ▲ '경남신문' 2013년 8월 21일(경남 창원시) ▲ '경남일보' 8월 21일(경남 진주시) ▲ '일간뉴스경남' 8월 21일 9쪽(경남 진주시) ▲ '경남도민일보' 2013년 8월 22일(경남 창원시) ▲ '창원일보' 2013년 8월 22일(경남 창원시) ▲ '국제신문' 2013년 8월 27일(부산) ▲ '의령군보' 제247호 2013년 8월 27일(경남 의령군 공보담당)

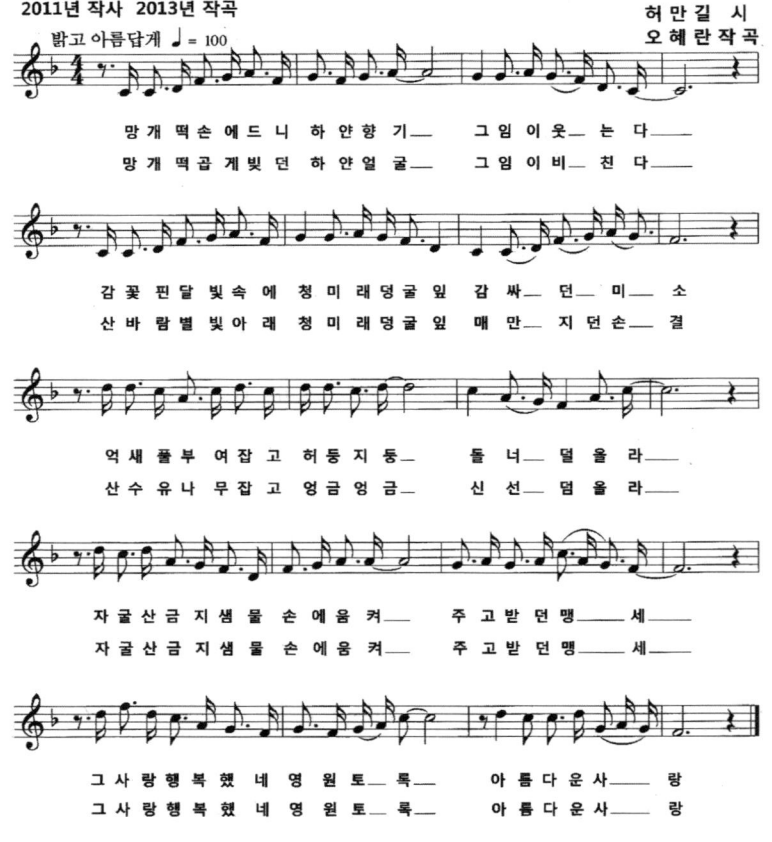

손바닥만 한 졸업 사진

선생님의 애틋한 손길의 사랑과
연초록 어린 맑은 영혼들이
거울 속 봄바람으로 머무는 곳.

대부분의 학생들 난생 처음
사진기 앞 뽀얀 얼굴 내밀고
오들오들 떨리는 추위도 잊은 모습.

1955년 3월
마흔 일곱 아이들이 받아 쥔
손바닥만 한 초등학교 졸업 사진
멈출 수 없는 시간 꿀떡꿀떡 마시며
동녘 하늘에서 서녘 하늘까지 자랐다.

자운영 자줏빛 꽃 푸른 논둑길로
흐른 세월 되돌리고 싶을 적이면
손바닥만 한 졸업 사진이 데려다준다.

* '참여문학' 2012년 여름호 53쪽(발행 문예촌, 서울. 2012. 6. 15.)
* 허만길은 경남 의령군 칠곡초등학교를 1955년 3월 22일 졸업하였음.

고향 사람들

달리는 차창의 먼빛은
불빛이 아니었다.
참기름 고소한 나물 비빔밥처럼
정을 섞는 고향 사람들의
따스한 얼굴빛이었다.

줄줄이 창가에 부딪는
하얀 빗방울에는 고향 사람들의
발간 수박 속살 같은
맑은 미소가 향기로웠다.

* '월간 순수문학' 2012년 9월호 50쪽(발행 월간 순수문학사, 서울. 2012. 9. 1.)
* 2012년 8월 15일 의령군 '칠곡면민 문화 체육 대회' 행사에서 '칠곡 사랑' 노래 제작 선사에 대한 의령군 칠곡면장(정분임)의 감사패를 받고 서울행 KTX(한국고속철도) 기차 안에서 쓴 시.

어린 날의 친구

우리 어린 시절
보이지 않는 꽃씨 주고받았지.
마음 속 수북이 쌓아 두었지.

긴 세월 흘러도 소중한 보물
어둠에서 더 반짝이는 하얀 웃음.

문득 꽃씨 이름이 떠올랐어.
아름다운 낱말 우정.

* 한국현대시인협회 사화집 제33집 '소용도는 은하의 별들' 256쪽(한국현대시인협회 편. 발행 시문학사, 서울. 2010. 12. 15.)
* (경남 의령군 칠곡면) '칠곡초등학교 총동문회 2013년 정기총회 회의 자료' 132쪽(2013. 5. 5.)

의령을 위하여

힘차게 힘차게 더 좋게 더 좋게
의령이여 희망 희망이 넘쳐다오.
의령이여 행복 행복이 넘쳐다오.
도우며 도우며 서로서로 도우며
꿈 이룸 향하여 함께 힘을 모으자.
의병 높은 뜻 그 정신 있잖아.
자굴산 돕는다. 남산이 손뼉해.
의령 의령 우리는 해 낸다.

굳세게 굳세게 알차게 알차게
의령이여 사랑 사랑이 넘쳐다오.
의령이여 용기 용기가 넘쳐다오.
정답게 정답게 서로서로 정답게
영광을 향하여 함께 힘을 모으자.
큰줄 땡기기 그 기상 있잖아.
자굴산 돕는다. 남산이 손뼉해.
의령 의령 우리는 해 낸다.

* 2014년 9월 현재 진형운(음악가. 경남 의령예술단 단장) 님이 작곡 진행 중임.

제7부

〈서사시〉 완고와 보람

⟨서사시⟩ 완고와 보람

* 원전: 허만길 장편복합문학 '생명의 먼동을 더듬어' 50~63쪽(발행 교음사, 서울. 1980. 4. 26.) 서사시 '완고와 보람' (부분 보완)
* 배경: 일제 강점기 1920년대 후반기에서 1930년대 전반기의 경상남도 의령군 칠곡면

제1장 완고

한사코 해 뜨지 않는
밤을 본 일 있는가?
편안한 밤이었으랴?
고통, 몸부림,
애타도록 동경.
그렇다!
더 까맣게 물드는 절벽의 밤이었다.

일제의 중압,
탄압, 폭압, 착압.

오늘의 무궁화는
웃음을 벌리며 피지만,
그 시절 우리의 꽃은
입에 쇠사슬 머금고,
한숨 한 번에

창자 한 번 토하는
서러운 넋이었다.

이적의 깃발은 부풀디 부푼
조국 얼을 온 창공에 펼치는
누구나가 마음껏 어우르는
창창한 행진이요, 행적이지만,
그 시절 우리의 태극기는
몰래몰래 질식으로 호흡하는
단지 기다림에의 섬광이었다.

하지만 눈앞의 분통,
딛고 선 그 발밑의 땅이
내 것이면서도 내 것이 아니어 버린
그 수치를 알면서도,

완고한 시골 선민들 중에는
행동을 깨치려 하지 않았다.
봉건을 내던지지 못했다.

겨레와 나라를 건져야 함을

뼛속에서 사무쳐 알면서도
속으로만 앓을 뿐
진취적인 방법엔 인색했다.

이집 저집
담을 메우는 도굿대(*절굿공이)의 소리
알통 밴 아낙네의 팔.

목화씨앗 기름
아주까리기름
참깨기름
들깨기름

나는 관솔불이나 켜면서도,
일제에 모조리 갖다 바치는
노예를 목메도록 절감하면서도,

시골 양반네들
속으로만 목이 타고
속으로만 피가 타고,

자기 몽상, 자기 환상,
자기 권위에 살며
내 아들 내 딸조차
완고한 자기 우리 속에서만
갇혀 살기를 호통했다.

가로놓인 강을 건너야
살 수 있음을 알면서도,
건너려는 귀중한 작업은 모르고
통곡만 하고
통곡만 하고.

구습은 농촌 어른네들의
귀중한 생리의 명패였다.

1929년 스무 살
허찬도(許贊道 1909. 6. 17.~1968. 12. 21.)는
세상 구경하기 위해
아내(노갑선盧甲先 1908. 9. 12.~1998. 7. 31.)에게만
귀띔하고
노동하면서 마산 거쳐 부산으로

두 차례 가출하였다.

자동차도 처음 보고
양조장, 석탄, 선창, 바다,
돛배, 해수욕장도 처음 보고
드디어 1929년 9월 상순(*음력 8월)
부산의 무료 이발관에서
의령군 칠곡면에서는 가장 먼저
상투머리 자른 사람 되어
목덜미에 아버지의
화롯불 불벼락을 맞았다.

이듬해 1930년
경남 의령군 칠곡면에는
면직원이 일제 상전의 감독받으며,
몇 십리 밖 직업 이발사를
초빙해서,
혹은 스스로가
어설픈 이발 강습을 받아서,

이발기

가위
빗
이발보
솔
의자
간혹은 면도칼도 가지고,

남자 어린이와 젊은이와 늙은이를
찾았다.
호구 조사하듯
집집이 들어가
이발기를 들이대고
가위를 들이댔다.

막깎기
조발
단발
대대적인 삭발을 했다.
한 푼 용서 없는 벌목이었다.
불도저의 수술이었다.

삭발을 왜놈 짓 상놈 짓이라고
꾸짖던 그의 아버지도
순순히 깎여야 했다.

두 차례 세상 구경 가출에서
뼈아프게 사무친 것은
새 지식을 배워야만
빼앗긴 나라도 찾고
가뭄 극복 같은
진취적인 일도 할 수 있다는
아픔이었다.

그가 앞장서서
꾸역꾸역 일만 하고 배움에 굶주린
서른 남짓 친구들 모으고서
칠곡소학교 찾아가니,
교장은 일본인,
희끗희끗 새치 섞인 조선인 설(薛) 선생,
키 작은 다정한 조선인 우(禹) 선생.
그는
밤공부 야학 설치를 간청하였다.

스물한 살 1930년 12월 하순부터
1933년 유월 하순(*음력 5월)까지
2년 6개월 동안
권학가 부르며 부지런히 공부하니,
수료자는 열다섯 사람이었다.

야학 수료 그해 1933년 초가을
그는 책임감 강하고 일본말 능통하다는 평으로
굳이 않겠다는 사양은 짓밟히고
소방조(消防組)에 입조됐다.

소방조두(*소방조 우두머리)는
금테 두른 모자의 일본인.
다만 의로운 일이라는
한 가닥 사념으로 그는
부지런히 손수레를 끌었다.

추우나 더우나
휘몰아 도는 어둠 속에서나
왜앵 하는 사이렌 하나에

돌진하는 돌풍

자물실 듯 솟구치는 까만 연기
날름거리는 발간 혓바닥
방자히 뛰노는 미친개의 발악
치이이 치이이 물길을 쏘아댔다.
게다가
잦은 자굴산 높은 산불은
거칠고 힘들었다.

어느새 어깨에는
평조원의 반장으로
소방소두(消防小頭)의 표지가 붙고,
손을 삐며, 다리를 삐며
오직 의로운 일이라는
한 가닥 사념으로
연기를 덮치고 불길을 핥았다.

의로운 일,
그러나 생각의 바닥에는
가시지 않는 그림자가 머물렀다.

소방복을 입을 적마다
겹겹이 쌓이는 아버지의 이맛살
이유 없지 않은 폐부를 찌르는 소리
"전념할 덴 농사일
풋내기 왜놈 밑에 붙어 놀다니."

아내가 친정서
선물 받은 염색 천으로
회색 바지, 회색 조끼
이루어 내니,
방에서만 입기는 금의야행(錦衣夜行)이라,
그는 어느 날 해 밝은 한낮
때때옷 입은 기분으로
바깥바람 쐈다.

어이 예기했으랴.
아버지의 날벼락.

"갓 살림 난(*1934년)
너희는 무슨 돈이 농 밑에 쌓였길래,
남 않는

물색 옷을 다 해 입는담.

물색 옷은 점잖찮은 옷
제 낯 깎이고
아비 얼굴 욕되게 만드는 미끼

돈 있으면 논밭 사고
천한 옷은 불사르라."

차라리 회색 바지는
땟자국을 감퇴하는 옷
흰색보다 노동에 편한 옷.

그러나 양반 기질은
땟자국 감퇴보다는 전잔 감퇴가
무서웠던 것.
생활과학보다는
양반치레가 중했던 것.

비웃어 버릴 수도 없는
순진한 쇄국의 부르짖음

정녕 이들은
좁게 현명하고
좁게 똑똑했던
아직 깨지 못한
기필 깨어야 할
우리네 선인들의 핼쑥한 옹호물이었다.
전근대의 강건이었다.

제2장 보람

새살림 난 이듬해(*1935년) 첫여름
봄을 타고 온 제비
흙 찍어 나르고
지푸라기 뜯어 오더니,
무명씨 벽돌 가옥
처마 아래 지어졌다.

다솝게 한 자웅
입 맞추며 지비지비 잽잽.

어느 새 알 까고
노란 주둥이는
연지 바른 손톱처럼 여늘여늘.

그의 장인(*노준용·盧準容 1982. 5. 3~1958. 3. 15.)이
딸네 집 다니러
하인 앞세워 말 타고 왔다.

올케가 보낸
마늘, 고추, 미나리,
옹기그릇.

오빠와 동생이 보낸
비단 옷감, 보약, 연지.

숙모가 보낸
백자 꽃병,
찹쌀, 좁쌀.

말안장이 다부러지고
짐꾼의 어깨가 치근했다.

친정집(*의령군 의령읍 만천리 상촌마을)은
몇 십리 밖에도
논이 띄엄거려 있었다.

출가외인이래도
부모의 자식 정은
가깝고도 더운 것.

그의 장인은
그의 동네(*의령군 칠곡면 도산마을) 옆
수부마을 입구 독자골의

논 두 마지기(*400평. 약 1,320㎡)를
그에게로 이전 증여했다.
그의 이름으로 된 첫 농사땅이었다.

두 마지기 땅 수확이
태산처럼 배불러서가 아니라,
자식의 다복한 살림
오죽이나 염원했던 때문일까.

그에게는 길러 온
사천(*개인적으로 모은 돈)이 있었다.

1929년 스무 살
세상 구경하기 위해
노동하면서 마산 거쳐 부산으로
두 차례 가출 당시
노임 받은 돈,

1930년 겨울부터
밤공부 야학 다니며
닭 기르고 돼지 쳐 모은 돈,

1933년부터 소방조 입조하여
불손수레 끌며
출조금 받아 모은 돈.

아내도 길러 온 사천이 있었다.
한 푼 두 푼 푼푼이
처녀 시절에 모은 사천,

웃어른에게서 용돈으로
받은 돈, 세뱃돈,
조부가 여행하면서
귀염으로 주던 돈,

벼이삭, 보리이삭 주워
마련한 돈,

생기는 돈마다
큰오빠에게 맡겨
큰오빠가 이자를 붙여 주었다.
그것이 여러 해
그리하여 이자에 이자가

꼬리를 물고
원리합계는 상당한 액수.

장구지들(*칠곡면 압수마을 입구 들)에
두 마지기짜리 좋은 논 났다는
소문이 떠들썩했다.

그는 입맛 다시며
수판알을 굴렸다.

그리고는
천장 한 번 쳐다보고
벽 한 번 마주보고
또 입맛 다시며
수판질하는 미련
쓴맛이었을까,
단맛이었을까.
아니면 녹두알 씹듯
메케텁텁한 맛이었을까.

"에이, 그참,

꼭 반값밖에 안 되는…."

밑도 없이 흘린 말
동냥 귀, 동냥 눈으로
듣고 보던 아내.

아내는 다가앉아
사천을 실토했다.

깊은 하늘을 바라보듯
아내를 뚫어보았다.
정색.

머루 알보다 까맣고
청순한 눈동자
온 누리에 애정은 샘솟듯
다시금 번지고.

두드리라,
열리라.

구하라,
얻으리라.

노을이 뛰놀듯
가슴은 뛰놀았다.

사슴이 뛰놀듯
기쁨은 뛰놀았다.
흔들리는 환희의 파도.

아침,
아내는 설거지 어서 하고
시집살이에 그을은 얼굴
연지, 분으로 은폐.

신바람 돋듯
친정 길을 달렸다.

혈육을 만나는
감격뿐이었을까.

눈 돌리기 아쉽던
대밭이며 우물이며
때 묻은 규수 방이며
뒷동산이며
그네 매던
가지 굽은 나무며

아, 재회하는
반가움뿐이었을까.

친구여,
소꿉친구여,
달그림자 사뿐 밟으며
함께 거닐던 옛 모습,
그 시절이여!

아, 회상하는
추억의 동경뿐이었을까.

아내는 돌아왔다.
푸지게 돌아왔다.

길렀던 사천,
갸륵한 정성에 감동된
옛 식구들의 부조.

그들은 새파란
하늘을 차지하듯
한 바닥 영글은
꿈을 차지했다.

오, 몽땅의 유열
일렁이는 봉선화의 화심.

그즘
밀라노의
밤엔
휘황한 물바다
알프스의 그림자 즐기며
그림배 축배 기우는
꿈의 여인과 애무의 남성 있었으리라.

제8부

〈극시〉 생명 탄생 기원

〈극시〉 생명 탄생 기원

* 원전: 허만길 장편복합문학 '생명의 먼동을 더듬어' 127~134쪽(발행 교음사, 서울. 1980. 4. 26.) 극시 '생명 탄생 기원'
* 배경: 1941년 6월 일본 나라(奈良)의 어느 밀감나무 과수원

허찬도(許贊道. 처음이름 허기룡許己龍 1909. 6. 17.~1968. 12. 21.)는 10살 때 경남 의령군 칠곡면에서 아버지 허종성(許宗成 1891. 6. 2.~1951. 8. 31.)과 함께 1919년 3·1 독립운동에 참가했다가, 아버지 허종성은 주재소로 끌려가고 허찬도는 경찰에 쫓김을 당하였다. 허찬도는 1936년(27살) 경남 진양군 집현면과 도동면 공동 관할에 속하는 장재못에 양수기를 설치하여 농민들의 가뭄 걱정을 덜어 주려 했으나, 양수기의 시운전 단계에서 일을 고의적으로 방해하며 폭력을 행사하고 조선인이라며 멸시하는 집현면 주재소 구로다(黑田) 부장을 가격하여 진주구치소에서 2개월간 옥고를 치렀다.

허찬도는 나라 독립의 절실성을 강하게 품으며, 이발업도 해 보고, 한약 행상도 하면서 빚을 갚아 나갔다. 1940년(31살) 일본 오사카부((大阪府) 사카이시(堺市) 미미하라쵸(耳原町)의 어느 가옥 2층에서 한국인 동료와 함께 자취하면서, 근처 군수물 공장(무기 생산 공장) 아사히철공소(朝日鐵工所)에서 고야마(湖山)로 불리며 일하였다. 그는 아사히철공소(朝日鐵工所) 조선인화친회(朝鮮人和親會)를 조직하여 회장을 맡고서, 그해 겨울 동맹파업으로 공장 가동을 멈추게 하였다. 일본 신문에 보도되고, 밤중에 경찰에 체포되어 호송되다가

격투하여 탈출하였다.

　야하타(八幡)에서 야하타제철소(八幡製鐵所) 조선인친화회(朝鮮人親和會) 임원들과 은밀히 만나면서 경찰이 더 이상 추적할 수 없다고 판단되자, 1941년 2월(음력 1월) 아내(노갑선 盧甲先)와 8살 된 딸(허맹준許孟俊. 일본에서는 '도시코俊子'로 불리었음)을 한국의 고향(경남 의령군 칠곡면)에서 일본으로 이주시켰다. 가족들은 일본의 오사카(大阪), 교토(京都), 교토부(京都府) 구세군(久世郡) 오아자(大字) 전차 정류소 부근으로 옮겨 다니며 살다가, 석 달 만(1941년 5월경)에 교토부(京都府) 구세군(久世郡) 오쿠보무라(大久保村) 오아자(大字) 오쿠보나이(大久保內) 30번지에 정착하였다.

　허찬도는 1941년 늦은 봄부터 가을까지 나라(奈良)의 한 밀감나무 과수원에서 일을 하였다. 가족에게는 일주일에 한 번씩 다니러 갔다.

　온 산 가득히 밀감나무가 들어선 과수원이었다. 그는 달걀 모양의 밀감나무 이파리 아래에서 김매는 일을 했다.

　연한 보석 빛처럼 첫여름이 깔려 왔다. 밀감나무의 긴 꽃대에서는 여러 개의 꽃잎이 피기 시작했다. 다섯 장으로 된 하얀 빛깔의 꽃잎. 꽃은 꽃대를 밟으며 창공을 피어올랐다. 사닥다리를 밟아 오르듯 위쪽으로 번져 오르는 순결한 발돋움. 짙은 향기는 그에게 순화된 감정과 싱그러운 육신의 기분을 안겨주었다.

　그런 가운데서도 그는 여가 여가에 바라보이는 먼데 하늘을 향하여 남모르는 소망을 희구하곤 했다. 그는 삼형제 중 둘째였다. 36살의 형에게는 두 딸만 있고 아들이 없었다. 32살의 그에게는 만 8살 된 딸 하나만 있고 아들이 없었다. 27살의 동생에게도 딸 하나만 있고 아들이 없었다. 삼형제 모두

아직 아들을 두지 못했다. 그는 아들을 두고 싶었다. 남자 아이를 두고 싶은 소망과 초조감에 잔잔한 갈구를 외면하지 못했다.

   태초처럼 까마득히 어두움,
   "꼬끼요" 하는 닭의 울음소리,
   새벽인 듯 고하는 고요한 적막의 소리.
   무대는 합창이 울려 퍼지는 가운데 느린 가락으로 빛이 감돈다.

   합창: 찾아갈 내일을 붙잡으러
         걸어갈 내일을 맞으러,
         이역의 동반자가 있다.
         (한잎 두잎 꽃잎의 부드러운 분란)
         그대의 눈길은
         돋아날 움을 찾는 야망의 불꽃,
         그대의 몸체는
         하늘을 들으려는 간절한 향수.
         풀밭을 건너온 시간
         남풍을 몰아온 시간
         유월은 꽃 피는 달
         세상이 향기로운 달.
         정성 모아 기원하세.
         다 함께 빌어 보세.
         너도 열고, 나도 열고,
         우리 모두 열음 여는
         꽃을 열자고.

과수원 중턱 평지에 마련된 연못.
주먹 쥔 기원의 자세로 연못 앞에 앉은 허찬도.
연못의 사방엔 크고 작은 많은 밀감나무들.
그를 중심으로 반달 모양의 호를 이루어 섰는 오른쪽부터 밀감나무 1, 2, 3, 4, 5.

조명, 원으로 그를 비출 때, 명상과 기원에 잠긴 몸매 비로소 비스듬히 왼쪽으로 돌린다. 밀감나무 꽃들 사이로 하늘을 무한히 투시하는 시선.
시선을 줄 타는 또 하나의 조명.
음악.
조명, 말하는 나무들 비추고 소리는 메아리, 그에겐 방백으로.

밀감나무 1:   첫여름이 머무르는 정원
　　　　　　　　자연의 꽃 시절은 우리들의 독차지.
　　　　　　　　아, 기지개를 켜고
　　　　　　　　만끽의 환희에 웃음을 품자. 노래를 품자.

밀감나무 2:   개울을 건너서면
　　　　　　　　전운이 짙은 서글픈 파편들
　　　　　　　　도시가 부서지고
　　　　　　　　기계가 부서지고
　　　　　　　　흙, 바람이 부서지며
　　　　　　　　인간이 부서진다.

밀감나무 3:   낮은 밤이 되고
　　　　　　　　밤은 시궁창이 되고
　　　　　　　　시궁창엔 역사가 죽고

                        죽는 역사엔 구더기가 일고.

밀감나무 4:   그러나 우리들의 정원은 전염될 수 없는 선경.
                        계절이 피면 잎이 피고
                        계절이 피면 꽃이 피고
                        계절이 피면 열음이 피고
                        계절이 피면 방방곡곡 향기가 피고,
                        부서지는 세월 속에 선경은 피어서
                        향기를 나른다.

밀감나무 5:   옛날도 그랬다.
                        지금도 그렇다.
                        작열하는 인간이,
                        작열하는 도시가, 역사가
                        울다 지치고
                        지치다 쓰러지고
                        쓰러지다 밤이 되어도,
                        과원(*과수원)엔 아물어진 은비늘이 일고
                        자지러진 맥박이 쉼 없이 논다.

모두들: 쉼 없이, 쉼 없이….

　시선 여전한 채 한 발 내디디며 일어서는 허찬도. 극히 선율적 자세로 선다.
　조명에 의해 끌고 선 또렷한 그림자.

허찬도: 이젠 확답 받지 않곤
                        못 배길 소망이나이다.

　　　　　　　언제나 연잎처럼 바라볼 수는 없나이다.
　　　　　　　차라리 아픔이나이다.
　　　　　　　이 애타는 파도,
　　　　　　　이 부연 물보라의 열정을 어이 억제하리이까?
　　　　　　　가슴에
　　　　　　　가슴에
　　　　　　　진정으로 죄어 오는 오롯한 염원이나이다.
　　　　　　　한 개의 꽃잎이 고개를 드는데,
　　　　　　　수많은 꽃잎들이 흐드러져 흥취하는데,
　　　　　　　여기 간절한
　　　　　　　간절한
　　　　　　　비파의 염원이 있나이다.

먼데 하늘:　　(진홍과 흑갈의 빛.
　　　　　　　붕괴와 재조성이 일다 샛별만큼
　　　　　　　엉기는 밝음.)

모두들:　　　(밀감나무들 바람에 살랑이며,
　　　　　　　무언지 수군수군.
　　　　　　　아까의 반석에 도로 앉는 허찬도.
　　　　　　　손뼉 소리에 맞추어,
　　　　　　　나뭇가지들 같은 동작으로 갸우뚱갸우뚱하며
　　　　　　　문답법으로.)

　　　　　　　무얼?
　　　　　　　그것도 몰라?
　　　　　　　무얼까?
　　　　　　　그것도 몰라?

무얼까?
                 그것도 몰라?

밀감나무 3:   두견이가 울던 날 밤
                 우리의 망울은 터질 듯
                 부풀었다.

밀감나무 5:   노래를 놓치지 않는 인간이 있다.
                 새하얀 박꽃을 쓰다듬는 인간이 있다.
                 해변의 소라껍질 앞에
                 말끔한 발자국을 수놓는 인간이 있다.
                 갈망의 향기 속에 영원히 타오르는
                 원색의 의지.
                 그 의지가 있다.

모두들: (일제히 가지가 일며)
                 원색의 의지!
                 원색의 의지!

밀감나무 2:   그렇다!
                 그것이다.
                 과원에 도사린 우리의 동반자야말로
                 원색의 의지를 지녀 있다.
                 먼데 하늘을 끌어들이는
                 우리의 보호자야말로
                 원색의 의지를 가져 있다.
                 그에겐
                 연꽃처럼 흐르는 집요가 있다.

                    포도 알 같은 동경이 있다.
                    밀어를 생식하는
                    야망이 있다.

밀감나무 5:   그의 집요가 우리의 집요.
                    그의 동경이 우리의 동경.
                    저 건너 도시의 지붕 밑
                    석탑의 뒤안에
                    혼미의 나팔은
                    탄흔을 씻을 줄 몰라도,
                    철책 없는 우리의 정원에서
                    꿈꾸는 인간,
                    의욕이 반짝인다.
                    구김 없는 연민이
                    번득인다.

허찬도: (일어서 풀 망태 둘러메고 괭이를 잡는다.
                    밀감나무 4를 어루만지다 밀감나무 5의
                    꽃대에 코를 댄다.
                    한 손으로 꽃가지 잡은 채 먼데 하늘로
                    시선을 돌린다.)

                    잠잠하지 못할 욕망이나이다.
                    체념 없을 미련이나이다.
                    꽃들도 아파하는 진실이나이다.
                    넌지시 퍼져 나올 당신의 이마
                    부디 주시하나이다.

| 먼데 하늘: | (진홍과 흑갈의 빛.
| | 붕괴와 재조성이 일다 샛별만큼 엉기는
| | 찐한 밝음.
| | 그 밝음 무대로 점점 확대되어 퍼진다.
| | 커다란 아침이다.)

모두들: 오, 새 생명의 희구여!
        오, 새 아침의 그리움이여!
        오, 하늘이여, 끝없는 신비여!

허찬도: 제발 제게 빛의 옥동자를….

모두들: 제발 그에게 환희의 옥동자를….

허찬도: (천천히 퇴장)

모두들: (하얀 꽃잎들이 쏟아지는 서광 아래 합창.)
        찾아갈 내일을 붙잡으러
        걸어갈 내일을 맞으러,
        이역의 동반자가 있다.
        그대의 눈길은
        돌아날 움을 찾는 야망의 불꽃,
        그대의 몸체는
        하늘을 들으려는 간절한 향수.
        풀밭을 건너온 시간
        남풍을 몰아온 시간
        유월은 꽃 피는 달
        세상이 향기로운 달.

정성 모아 기원하세.
다 함께 빌어 보세.
너도 열고, 나도 열고,
우리 모두 열음 여는
꽃을 열자고.

【부록】

허만길 주요 삶

Profile of Hur Mangil

【허만길 주요 삶】

허만길 許萬吉 Hur Mangil

■ 아버지 허찬도 선생의 일제 강점기 독립운동

허만길의 아버지 허찬도(許贊道. 처음이름 허기룡許己龍 1909. 6. 17.~1968. 12. 21.) 선생은 10살 때 경남 의령군 칠곡면에서 아버지 허종성(許宗成 1891. 6. 2.~1951. 8. 31.) 선생과 함께 1919년 3·1 독립운동에 참가했다가, 허종성 선생은 주재소로 끌려가고, 허찬도 선생은 경찰에 쫓김을 당하였다.

허찬도 선생은 1936년(27살) 경남 진양군 집현면과 도동면 공동 관할에 속하는 장재못에 양수기를 설치하여 농민들의 가뭄 걱정을 덜어 주려 했으나, 양수기의 시운전 단계에서 일을 고의적으로 방해하며 폭력을 행사하고 조선인이라며 멸시하는 집현면 주재소 구로다(黑田) 부장을 가격하여 진주구치소에서 2개월간 옥고를 치렀다.

허찬도 선생은 나라 독립의 절실성을 강하게 품으며. 이발업도 해 보고, 한약 행상도 하면서 빚을 갚아 나갔다. 1940년(31살) 일본 오사카부((大阪府) 사카이시(堺市) 미미하라쵸(耳原町)의 어느 가옥 2층에서 한국인 동료와 함께 자취하면서, 근처 군수물 공장(무기 생산 공장) 아사히철공소(朝日鐵工所)에서 고야마(湖山)로 불리며 일하였다. 선생은 아사히철공소(朝日鐵工所) 조선인화친회(朝鮮人和親會)를 조직하여 회장을 맡고서, 그해 겨울 동맹파업으로 공장 가동을 멈추게 하였다. 일본 신문에 보도되고, 밤중에 경찰에 체포되어 호송되다가 격투하여 탈출하였다.

허찬도 선생은 야하타(八幡)에서 야하타제철소(八幡製鐵所) 조선인 친화회(朝鮮人親和會) 임원들과 은밀히 만나면서 경찰이 더 이상 추적할 수 없다고 판단되자, 1941년 2월(음력 1월) 아내 노갑선(盧甲先

1908. 9. 12.~1998. 7. 31.) 여사와 8살 된 딸(허맹준許孟俊. 1933. 6. 4.~1960. 2. 27. 일본에서는 '도시코俊子'로 불리었음)을 한국의 고향(경남 의령군 칠곡면)에서 일본으로 이주시켰다. 가족들은 일본의 오사카(大阪), 교토(京都), 교토부(京都府) 구세군(久世郡) 오아자(大字) 전차 정류소 부근으로 옮겨 다니며 살다가, 석 달 만(1941년 5월경)에 교토부(京都府) 구세군(久世郡) 오쿠보무라(大久保村) 오아자(大字) 오쿠보나이(大久保內) 30번지에서 셋방살이를 하였다. 허만길은 여기서 1943년 3월 21일 태어났다.

일본 교토부 오쿠보 비행장에서 노무자 일(수도관 묻기. 하수구 정리. 도로 수선. 간단한 건물 세우기)을 하던 중 1943년 9월(양력) 매제 하만행(河萬幸) 님과 함께 강제 징병되어, 시가켄(滋賀縣) 훈련소에서 훈련을 받다가 이질을 앓아 병실에서 치료를 받으면서 군의관 우두머리 군의장과의 꾸준한 토론 끝에 일제의 한국 침략의 부당성을 감동적으로 일깨우고, 그 군의장의 도움으로 5개월 만(1944년 2월경)에 병역 해제증을 받고 귀가하였다. 매제 하만행 님은 훈련소에서 훈련을 다 마치고 마이스루 항구에서 군함에 타기 직전에 탈출하였다.

허만길은 태어난 지 1년 4개월 만에 1944년 7월(음력 6월) 어머니, 누나, 숙모, 사촌누나와 함께 일본 시모노세키에서 위험하고 살벌한 연락선을 타고 조국 고향(경남 의령군 칠곡면 도산리 260번지)으로 돌아오고, 허찬도 선생은 일본에 계속 머물면서 나라가 독립할 때까지 일본 거주 한국인들에게 항일 정신을 북돋우었다.

■ 출생 및 가족

허만길은 아버지 허찬도(許贊道. 처음이름 허기룡許己龍 1909. 6. 17.~1968. 12. 21.) 선생이 일본에서 항일 독립운동을 한 관계로 1943년 3월 21일 일본 교토부(京都府) 구세군(久世郡) 오쿠보무라(大久保村) 오아자(大字) 오쿠보나이(大久保內) 30번지에서 태어나고, 첫돌을 지낸 뒤 1944년 7월(음력 6월)부터 대한민국 경남 의령군 칠곡면 도산리 260번지에서 성장하였다. 그 이후 경남 진주시(1955. 4.~1961. 3. 30.), 부산시(1961. 3. 31.~1967. 11. 22.)에서 거주하다가 1967년 11

월 23일부터 서울특별시에서 거주하였다. 의령군 칠곡면 도산리에는 허만길 가족이 살던 집터가 그대로 보존되어 있다.

허만길의 백부, 백모에게는 아들이 없었으므로, 허만길 가족은 백부모를 봉양하였다.

어머니 노갑선(盧甲先 1908. 9. 12.~1998. 7. 31.). 누나 허맹준(許孟俊. 1933. 6. 4.~1960. 2. 27. 일본에서는 '도시코俊子'로 불리었음). 여동생 허맹임(許孟任. 1946. 2. 24.~1985. 5. 26.). 누나의 딸 하순희(일찍 엄마를 여읨).

아내 박지전(1944. 2. 19.~). 아들 허예랑 · 며느리 정미진. 손자 허수민 / 맏딸 허아경 · 사위 김동현. 외손 김보미 / 둘째딸 허다령 · 사위 이정택. 외손 이원영 · 이현영.

■ 학력 및 공무원 경력

문학박사. 시인. 소설가. 복합문학(複合文學, Complex Literature) 창시자(1971년). 수필가. 교육자.

경남 의령군 칠곡초등학교 졸업(1955년). 진주중학교 졸업(1958년). 진주사범학교 졸업(1961년). 동아대학교 국어국문학과(야간부) 졸업(1967년). 서울대학교 대학원 석사과정 국어교육학과 졸업(교육학 석사. 1979년). 홍익대학교 대학원 박사과정 국어국문학과 졸업(문학박사. 1994년).

3살부터 서당 공부를 하고, 1955년 3월 칠곡초등학교 졸업 후 고학으로 1958년 3월 진주중학교를 졸업하고, 1961년 3월 진주사범학교(초등학교 교원 양성 국립 고등학교)를 졸업했다. 1960년(17살) 진주사범학교 학생회 위원장(학도호국단 학생회 운영위원장)으로서 경남 진주시의 4·19 의거(4·19 혁명)를 이끌었다. 허만길은 졸업 성적 최우수자(남자 2명, 여자 1명)로서 1961년 3월 31일(18살) 부산거제초등학교 교사 발령을 받아 교육자로서 첫 걸음을 내디디었다.

부산 시내 초등학교 교사(1961. 3.~1965. 4. 부산거제초등학교, 부산중앙초등학교), 중학교 교사(1965. 4.~1967. 11. 경남중학교, 부산중앙중학교)로 근무했다. 1967년 11월부터 20년간 서울 시내 영등포여자고등학교 교사(1967. 11.~), 경복고등학교 교사(1974. 3.~), 선린상업고등학교 교사(1979. 3.~), 영등포여자고등학교 교사(1983. 3.~1987. 2.)를 거쳐, 문교부 국어과 편수관(1987년), 문교부 공보관실 연구사, 교육부 중앙교육연수원 장학사, 서울특별시교육연구원 진로교육연구부 연구사(1993. 3.~1994. 5.), 서울 영원중학교 교장(1999. 9.~2002. 8.), 당곡고등학교 교장(2002. 9.~2005. 8. 정년퇴직)으로 재직하였다.

■ **국가 시행 중학교 교원자격 검정고시 및 고등학교 교원자격 검정고시 각각 수석 합격으로 세계 최연소 중학교 교원자격증(18살) 및 세계 최연소 고등학교 교원자격증(19살) 받음.('기네스북' 의 '한국편' 에 실림.)**

허만길은 진주사범학교 3학년 재학 중 1960년(17살) 9월 국가 시행 중학교 교원자격 검정고시에 응시하여 수석 합격으로 18살(1961년 4월 10일)에 세계 최연소 중학교 교원자격증(전공교과 국어과)을 받고, 1962년 국가 시행 고등학교 교원자격 검정고시에 응시하여 역시 수석 합격으로 19살(1962년 12월 6일)에 세계 최연소 고등학교 교원자격증(전공교과 국어과)을 받았다.('기네스북' 의 '한국편' 에 올림).

o 중학교 교원자격증 번호: 제본4070호(1961. 4. 10. 문교부장관)
o 고등학교 교원자격증 번호: 제본4233호(1962. 12. 6. 문교부장관)

■ **위촉 활동 및 단체 활동 경력**

문교부 언어생활 연구위원(1971). 문교부 주최 전국 학생 글짓기 대회 심사위원(1972). 문교부 '장학 자료' 제14호(학생 언어생활 순화 지도 지침) 집필(1972. 2. 15. 발행). 문교부 '장학 자료' 제26호(생활 용어 순화 자료) 집필(1977. 8. 발행). 문교부 발행 '일하며 배우며' 제7호(산업체 근로 청소년 교육 홍보용 책) 편집위원(1986. 10. 31. 발행). 교육부 국제교육진흥원 강사(1994~2004). 교육부 교육행정연수원 강사(1997). 문교부 교육과정 심의위원(1987~1988). 문교부 국어과 교과서 편찬 연구위원(1987). 국가수준 국어과 교육과정 시안 작성 심의

위원(1991). 교육부 저작권 한국교육개발연구원 편찬 국어과 교과서 편찬 연구위원(1987~1996). 교육부 저작권 한국교육과정평가원 국어과 교과서 편찬 연구위원(1998~2000). 고려대학교, 한국교원대학교 공동 개발 중학교 '국어' 교과서 편찬 연구위원(2000). 대한민국 학술원 부설 국어연구소 표준어 사정위원(1987). 교육부 국제교육진흥원 재외동포용 '한국어' 교재 개발 연구위원 및 심의위원(1995~1999. 5.). 한국교육과정평가원 해외 동포용 '한국어' 교재 개발 연구위원(1999. 6.~2002). 교육부 국제교육진흥원 재외동포 교육과정 심의위원(2000. 2. 1.~2002. 1. 31.), 한글학회 회원(*24살 최연소 회원. 1967. 5. 13.~). 한국국어교육연구회(한국어교육학회) 회원(1965~). 우리말내용연구회(한국어내용학회) 감사(1993. 1.~1995. 11.). 국제 PEN클럽 회원(2004. 8. 30.~). 한글문학회 부회장(1994. 3. 1.~2003. 5.). 한글문학회 이사(1995~1998). 한국문인협회 회원(2001. 5. 17.~). 한국소설가협회 회원(2006. 11. 6.~). 한국현대시인협회 회원(2007. 2. 27.~). 한국현대시인협회 중앙위원(2012. 2. 15.~2014. 3. 15.). 한국현대시인협회 이사(2014. 3. 16.~). 한국글짓기지도회 이사(1976. 6.~1978. 6.). 청다문학회 이사(2005. 1.~2006. 12.). 한국순수문학인협회 회원(2001). 문학신문문인회 회원(2012. 12. 23.~). 문학신문문인회 초대 부회장(2012. 12. 23.~2013. 12. 31.). 서울특별시교육청 진로교육추진위원회 위원장(1997~1998). 서울특별시교육청 발행 고등학교 교과서 '진로 상담' 집필(공동 집필. 1999년 1월 초판 발행). 대한교과서주식회사 발행 고등학교 교과서 '진로와 직업' 편찬 연구위원(2003년 3월 초판 발행). 서울진로교육연구회 부회장 및 이사(1993. 3. 1.~2001. 2. 28.). 한국진로교육학회 이사(2000. 1. 1.~2005. 12. 31.). 서울초·중등학교 진로교육연구회 감사(2001. 3. 1.~2005. 2. 28.). 서울특별시교원연수원 중등학교 진로상담교사 자격 연수 교육과정 편성위원(1996). 서울특별시교원연수원 진로상담교사 자격연수 강사(1996~1998). 서울특별시교육과학연구원 진로정보센터 운영 자문위원(2003). 서울특별시교육연구원 상담자원봉사자 연수 강사(1997). 한국교육신문(한국교원단체총연합회)

신춘문예 '교단 수기' 모집 심사위원(1996. 1997). 제1회 영국기네스 본부 주관(한국기네스협회 주최) 한국진기록대회 심판위원(1989. 7. 1.~1989. 7. 2.). 한국기네스협회(코리아기네스협회) 자문위원(1989. 5. 4.). 대한풍수지리학회 이사(1991. 4. 13.). 한국스포츠마사지자격협회 회원(2005~). 국무총리실 소속 한국청소년개발원 협력 연구위원(1999). 한국직업능력개발원 전문가협의회 위원(2004). 서울특별시 양천경찰서 폭력대책위원회 자문위원(1996~1997). 한국시민자원봉사회 중앙회 중앙지도 운영위원(2003. 6. 9.~2007. 12. 31.). 한국방송정보교육단체연합회 이사(2003. 11. 19.~2005. 12. 31.). 서울대학교 교육행정연수원 중등학교 교장자격연수 현장탐구지도 강사(2003~2005). 서울특별시교육청 청소년 선도방송(마음의 문을 열고) 집필위원((KBS, SBS, EBS 라디오 방송. 1995). 서울특별시교육청 청소년 선도방송 자문위원(라디오 방송. 2003). 서울특별시 공립중등학교 교사 임용시험 논술 출제위원(1994, 1995, 1997). 서울특별시 공립중등학교 교사 임용시험 출제 본부장(2003). 학습자료심사협회 학습자료 심사위원(1987). '부산시민헌장' 초안(1962년 3인 공동. 1963년 1월 1일 제정 선포). 부산직할시 교육발전위원회 창립위원(1963), 부산시교육연구소 현직 연구위원(1963~1967). 한국청소년연맹 단원 활동 각종 상징(구호, 환호, 응원가, 대형) 제정위원(1984). 한국청소년연맹 한별단(고등학생단) 교재 '한별의 생활' 집필위원(1984년 집필, 1885년 발행). 문교부 장관 연설문 작성(1987~1988). 노태우 대통령 취임사 문장 검토(의뢰 기관: 대통령 취임 준비실시단. 1988. 2.). 의령신문(경남 의령군 의령읍) 칼럼 집필위원(2008~2010. 2012. 2013).

■ 표창 및 상훈

o 황조근정훈장(2005. 8. 31.)
o 대통령 표창(1991. 12. 5.)
o 국가인권위원회 위원장 표창(정신대 문제 제기 활동 유공. 2004. 12. 10.)
  일제의 대한민국 강점기 정신대(종군위안부) 문제 제기 활동 및 정신대 문제 소설 '원주민촌의 축제'(1990) 발표 유공으로 2004년 12월 6일 세계인권선언기념일 기념식에서 국가인권위원회 위원장 표창 수상.
ㅇ 상공부 장관 표창(산업체 근무 청소년 특별학급 교육 유공. 1987. 3. 7.)
ㅇ 교육부 장관 표창(1997. 5. 15.)
ㅇ 환경부 장관 감사글('우리 자연 우리 환경' 노래 작사. 1995. 9. 9.)
ㅇ 한국교원단체 총연합회장 표창(1997. 5. 15.)
ㅇ 전국교육자연구발표대회 대한교육연합회장 푸른기장증(중·고등학교 교원부 1등. 1966. 7. 31. *23살. 대회사상 최연소 '푸른기장증' 수상. 대한교육연합회는 '한국교원단체총연합회'로 바뀜)
ㅇ 한글학회 이사장 표창(1988. 10. 9.)
ㅇ 서울특별시 교육감 표창(새마을 교육 유공. 1974. 12. 27.)
ㅇ 서울특별시 교육감 표창(고등학교 입학 연합고사 출제 유공. 1976. 12. 30.)
ㅇ 서울특별시 교육감 표창(서정쇄신 모범 공무원. 1978. 12. 29.)
ㅇ 한글문학회 한글문학상(신인상)(1991. 11. 30.)
작품 이름: 일제의 대한민국 강점기 정신대(종군위안부) 문제를 본격적으로 다룬 단편소설 '원주민촌의 축제'(한글문학 제12집 115~134쪽. 1990. 10. 5.)
ㅇ 문예춘추 제1회 청백문학상(작품의 청백 정신 탁월. 2011. 12. 23.)
ㅇ 코리아 기네스협회(한국기네스협회) 감사패(코리아 기네스협회 자문위원 유공. 1989. 7.)
ㅇ 민주평화통일자문회의 영등포구협의회 회장 표창(영등포를 빛낸 모범 공무원. 2002. 3. 20.)
ㅇ 서울특별시교원연수원장 교육연수상(중등학교 교감·교육전문직 연수 성적 우수. 1996. 5. 2.)
ㅇ 서울대학교 교육행정연수원장 표창(중등학교 교장 자격연수 성적 우수. 1997. 8. 23.)
ㅇ 서울특별시교원단체연합회장 표창(수도 교육 발전 유공. 1992. 5. 12.)
ㅇ 서울특별시립 정신지체인복지관 관장 감사패(2005. 8. 29.)

○ 부산시장 표창(교육 논문 우수상. 1963. 12. 4.)
○ 부산시 교육감 표창(부산시 교육연구대회 우수상. 1등. 1966. 10. 21.)
○ 방송통신고등학교 서울 지구 동문회장 감사패(방송통신고등학교 교육 유공 및 '방송통신고등학교 교가' 〈방송통신고교생〉 작사. 1981. 6. 28.)
○ 당곡고등학교 총동창회장 감사패(학교 발전 유공. 2005. 3. 5.)
○ 의령군 칠곡면장 감사패('칠곡 사랑' 노래 제작 선사 감사. 2012. 8. 15.)

■ 18살부터 44년간(1961년 3월 31일~2005년 8월 31일 정년퇴임) 교육자로서 제자 사랑 교육, 연구하며 실천하는 교육, 창의적이고 적극적인 교육 정책 수립 및 추진, 민주적 · 합리적 · 개방적 · 창의적 학교 경영 노력

허만길은 1961년 3월 진주사범학교(초등학교 교원 양성 국립고등학교) 졸업 후 18살(1961년 3월 31일)부터 교육자로서 2005년 8월 31일(62살) 정년퇴임 때까지 44년간(교사 경력 25년 6개월, 문교부 국어과 편수관 및 문교부 공보관실 연구사 · 중앙교육연수원 장학사 · 서울특별시교육연구부 진로교육연구부 연구사 경력 7년 3개월, 교감 경력 5년 3개월, 중학교 및 고등학교 교장 경력 6년) 제자 사랑 교육, 연구하며 실천하는 교육, 창의적이고 적극적인 교육 정책 수립 및 추진, 학교 경영의 민주성 · 투명성 · 창의성 발휘에 힘썼다.

■ 21살(1964년)에 '참'(Cham, 眞, Truth)을 중심으로 기초적, 핵심적 깨달음에 이름

허만길은 어릴 때부터 인생과 우주의 궁극적인 이치에 몰두해 오다가, 여러 불가사의를 겪으며 1963년 10월 하순부터 300여 일의 집중적 구도 노력 끝에 1964년 8월 21일(21살) 본질적, 이상적 궁극성으로서 '참'(Cham. 眞. Truth)을 중심으로 기초적, 핵심적 깨달음에 이르렀다.

1980년(37살) 깨달음을 정리한 책 '인류를 위한 참얻음'(발행 시인사, 서울. 1980. 8. 21.)을 출판하였다. 이 책에서는 절대자(창조의 으뜸뿌리. 하느님. 창조주. 하늘나라와 모든 우주를 포함한 최고신. 모든 추상적 구상적 발현의 으뜸 되는 뿌리), 참(Cham, 眞, Truth. 모든 창조에 원천적으로 부여되는 본질적 이상적 궁극성), 한힘(Hanhim. Great-Power. 직접 간접의 창조에 부여되는 근원적 이치력과 위력과 작용력), 원기(Wongi, 源氣, Prenergy. 창조의 가장 원초적인 자료) 등 4대 절대 조화소(造化素)의 개념을 비롯해, 이승과 저승, 인류 개체의 참삶과 구원, 지구를 다녀간 석가, 예수 등을 비롯한 거룩님의 의미, 종교 간의 적대 행위를 초월한 큰믿음과 큰진리, 참나라(Chamnara. 참하늘나라 및 참땅나라)의 의미와 참땅나라, 참알인류학(Anthropology of Truth-Kernel), 수양, 깨달음의 과정 등을 통해 인류가 근원적으로 알아야 할 해답과 인류의 바른 길을 밝히고자 했다. 〈* 자세한 내용은 허만길 저서 ⑴ '인류를 위한 참얻음', 발행처 시인사, 서울. 1980. 8. 21. ⑵ '진리를 찾아 이상을 찾아', 발행처 연인M&B, 서울. 2007. 12. 21. ⑶ '우리말 사랑의 길을 열면서', 발행처 도서출판 문예촌, 서울. 2003. 5. 26. 참고〉

■ 언어 이론, 국어 정책, 국어 교육 및 음성 언어 교육, 국어 사랑 이론, 진로 교육, 교육 철학 및 교육 일반, 향토사 연구 등 여러 영역에 걸친 학문적 성과

허만길은 여러 영역에 걸쳐 학문적 성과를 거두었다.

o **(한국 현대 국어 정책 연구)** 허만길의 대표적 저서 '한국 현대 국어 정책 연구' (발행 국학자료원, 서울. 1994. 8. 25.)는 1945년 대한민국 광복 이후 반세기 동안 정부 차원의 국어 정책을 종합적으로 연구한 첫 연구 결과로서 국어 정책의 이론을 확립하고, 학계에 알려지지 않은 수많은 자료들을 발굴하여 체계적으로 고찰하고, 앞으로의 국어 정책 방향을 제시하고 있어 그 가치를 높이 평가받고 있다.

o **(국어 교육 및 음성 언어 교육 연구)** 1960년대 당시 한국의 국어과 교육이 독해 교육 일변도에서 벗어나지 못하고 있을 때, 허만길은 언어의 일차적 문제인 음성 언어 교육(말하기, 듣기 교육)의 원리와 방안으로서 1966년(23살) 7월 대한교육연합회 주최 제10회 전국교

육자연구발표대회(중등학교 교원부)에서 논문 '유형화적 언어 학습의 제창'(논문 요약: 국어교육 제12호 1~10쪽. 발행 한국국어교육연구회, 서울. 1966. 12. 31.)을 발표하여 큰 관심을 끌며 대회 사상 최연소 푸른기장증(1등. 최우수상)을 수상하였다. 1969년 이를 '유잠자(類潛自: 유형화, 잠재화, 자동화의 준말) 언어 교육론'(교육평론 1969년 7월호~10월호, 1970년 2월호, 4월호 연재. 발행 교육평론사, 서울)으로 발전시키고, 1979년 8월 '음성 언어 교육의 영역 설정 연구'(서울대학교 대학원 국어교육학과 석사학위 논문), 1983년 4월 '음성 언어 교육의 원리'(난대 이응백 박사 회갑 기념 논문집 671~682쪽. 발행 보진재, 서울) 등의 논문을 계속 발표하여 국어 교육 및 언어 교육에서 소홀시 되던 음성 언어 교육의 중요성을 부각시키고, 음성 언어 교육의 이론을 확립하는 데 힘을 기울였다. 허만길의 이러한 신념은 문교부 국어과 편수관으로 임용되어, 국어 교육 역사상 처음으로 초등학교 국어과 교과서를 단일형 '국어'에서 '말하기・듣기', '읽기', '쓰기' 3책으로 분화하여(1987년 6월 문교부 확정. 1989년 3월부터 시행), 국어과 교육이 독해 교육 일변도에서 벗어나 실질적이고 조화로운 국어과 교육이 이루어지도록 정부 정책 차원에서 제도화하는 계기로 이어졌다.

ㅇ **(국어 사랑 이론 정립)** 허만길은 고등학교 교사 재직 중 1968년(25살)부터 우리말 사랑 운동을 펼치면서, 1971년 문교부 언어생활 연구위원 활동, 1975년 대통령 특별보좌관(박종홍 철학박사) 자문 응대 등을 통해 1976년 박정희 대통령이 국어 순화 운동을 국가적, 제도적 차원으로 승화시키는 데 이바지하는 등 평생토록 우리말 사랑 운동을 펼치면서, 국민들이 철학적 근거와 정신적 신념의 방향 감각이 뚜렷한 가운데 지속적이고 창의적인 우리말 사랑을 행동으로 옮길 수 있도록 국어 사랑 이론 정립에 관한 많은 논문과 책을 저술하였다.

허만길은 1971년(28살) 9월 문교부 장관의 위촉을 받아 문교부 '장학 자료' 14호 '학생 언어생활 순화 지도 지침' 집필(발행일 1972. 2. 15.), 1976년 국화 순화 운동 기구가 법적으로 제도화된 이듬해 1977년(34살) 문교부 '장학 자료' 26호 '생활 용어 순화 자료' 집필(발행일

1977. 8.)을 하고, 문교부에서는 이를 전국 각급 학교에 배포하여 국어 순화 운동이 거국적으로 일어나게 하였는데, 이로써 허만길은 대한민국 광복 후 문교부 '장학 자료' 중 국어 순화와 직접적으로 관련되는 두 '장학 자료' 모두를 집필하였다.

허만길의 우리말 사랑을 다룬 단행본 저서로는 '우리말 사랑의 길' (발행 학예사, 서울. 1976. 6. 15.), '한국 현대 국어 정책 연구' (발행 국학자료원, 서울. 1994. 8. 25.), '우리말 사랑의 길을 열면서' (발행 도서출판 문예촌, 서울. 2003. 5. 26.)가 있으며, 논문으로는 '중·고등학생의 국어 순화 방안' (교육평론 1976년 7월호. 발행 교육평론사), '우리말 사랑의 실천 방향' (월간 새마음 1978년 10월호. 발행 구국여성봉사단), '청소년들의 저속가사에 비친 사회' (주부생활 1978년 8월호. 주부생활사), '이름말로 본 국어 순화 실태' (수도교육 1981년 9월호. 발행 서울특별시교육연구원), '예절로서의 곱고 아름다운 말씨' (국어생활 1987년 가을호 통권 제10호. 발행 대한민국 학술원 부설 국어연구소. 1987. 9. 25.), '공무원 국어 생활의 반성 및 향상 방안' (국어 교육 81호~82호 합병호. 발행 한국국어교육연구회, 서울. 1993. 8. 31.), '국민과 공무원에게 드리는 우리말 사랑의 글' (교육평론 1993년 10월호. 발행 교육평론사, 서울), '바른 언어생활' (교육부 교육행정연수원 교육 일반직 초급실무자과정 연수 교재. 1997. 3.), '재외 국민의 모국어 사랑 교육' (교육인적자원부 국제교육진흥원 2004년도 해외 파견 교육 공무원 직무 연수 교재. 2003. 11. 28.) 등 많이 있다.

ㅇ **(역동언어학 및 역동유형 이론 구상)** 허만길은 1971년(28살) 언어 이론의 독특한 시도로서 '한글' 제148호 75~98쪽(발행 한글학회, 서울. 1971. 12.)에 논문 '역동언어학 및 역동유형 이론 구상' (The Conception of Dynamic Linguistics and Dynamic Pattern Theory)을 발표하였다. 허만길은 구성 분자 및 상황 작용으로서의 언어 성질에 힘봄점을 둘 때, 이를 '언어의 역동성' 이라 하고, 언어의 역동성을 체계 있게 탐구하는 일과, 그에 따른 전개 이론과를 함께 일컬어 '역동 언어학' 이라 했다.

역동 언어학은 '일반 역동 언어학' 과 '특수 역동 언어학' 으로 가름하는데, '역동 유형 이론'은 '역동 유형'과 '집합'을 형식상 특징으로 삼고서, 여러 언어 사실을 규명하려는 특수 역동 언어학의 한 각론이다. 역동 유형 이론의 전개 이상으로 9가지를 내세웠다. 허만길은 이 논문과 관련하여 1973년(30살) 5월 13일 한글학회 주최 전국언어학자대회에서 '언어의 역동성에 비친 새 연구 과제들'이라는 주제로 연구 발표를 하였는데, 그 요지는 '한글 새소식' 제9호(발행 한글학회, 서울. 1973. 5. 5.)에 실려 있다.

○ **(진로 교육 연구)** 1993년부터 2005년까지 13년간 우리나라 학교 현장에 현대적 개념의 진로 교육 도입 및 발전을 위해 활약해 온 허만길은 고등학교 교과서(인정도서) '진로 상담'(공동 집필. 발행 서울특별시교육청. 1999년 1월 초판)을 공동 집필하고, 서울특별시교육연구원 발행 '중학교 2학년 진로 교육 지도안'(발행일 1995. 12. 1.) 공동 집필, '중학교 3학년 진로 교육 지도안'(발행일 1996. 12. 1.) 공동 집필 등 여러 교사용 지도 자료를 집필하였다.

진로 교육 관련 주요 논문으로는 '중학교 진로 교육 강화 방향'(진로교육연구 제3집 13~24쪽. 발행 서울진로교육연구회. 1995. 12. 1.), '고등학교 진로 교육 활성화를 위한 지원 체제 방안'(서울특별시교육연구원 주최 1996년 진로 교육 세미나 자료집 '교육 개혁안에 따른 고등학교 진로 교육' 77~92쪽. 1996. 6. 14.), '학교 진로 교육 계획 수립 방향'(1996년 진로상담교사 자격 연수 교재 363~371쪽. 발행 서울특별시교원연수원. 1996. 12. 1.), '학교 진로 교육 계획의 주요 영역'(교과서 연구 제27호 58~60쪽. 발행 한국2종교과서협회, 서울. 1997. 4. 1.), '열린 학습 사회의 진로 지도 실제'(중등학교 교감 자격 연수 교재 311~322쪽. 발행 서울특별시교원연수원. 1997. 5.), '중학교 진로 교육 기회의 확보와 운용'(서울교육 1997년 여름호 48~51쪽. 발행 서울특별시교육연구원. 1997. 6. 10.), '중등학교 진로 교육 계획 수립 방향'(중등학교 교감 직무 연수 과정 교재. 발행 서울특별시교원연수원. 1997. 10.), '국가 인적 자원 개발과 중등학교 진로 교육'(진로 교육 연구 제13호 39~60쪽. 발행 한국진로교육학회. 2001. 6. 1.), '고등학교의 체계적 진로 교육 방향'(교육 마당 21. 2005년 2월호

110~112쪽. 발행 교육인적자원부. 2005. 2. 1.) 등이 있다.

  ㅇ **(교육 연구)** 허만길은 1961년 3월(18살)부터 2005년 8월(62살)까지 약 44년간 교육자의 길을 걸으면서, 교육 관련 논문을 많이 발표하였다.

교육 철학 논문 '카운츠(George S. Counts)의 진보적 교육 사상'(교육연구 1978년 8월호 61~66쪽. 발행 한국교육생산성연구소 교육연구사, 서울. 1978. 8. 1.)도 있지만, 한국 교육 현장 문제를 다룬 논문을 통해 큰 파급 효과를 거두기도 했다.

1975년(32살) 2월 발표 '개선돼야 할 대학 입시 출제 경향'(교육평론 1975년 2월호 84~87쪽. 발행 교육평론사. 서울. 1975. 2. 1.)은 언론에서 크게 보도하고, 허만길의 제의에 따라 온 국민의 관심 속에 문교부 주최로 고등학교 교육과정 정상화를 위한 대학 입시 개선 방안 토론회(1975. 4. 30.)가 이루어졌으며, 이의 후속 논문 '대학 입시 출제 경향과 개선점'(문교부 주최 토론회 허만길 주제 발표 논문. 교육평론 1975년 6월호 62~65쪽. 발행 교육평론사, 서울. 1975. 6. 1. 참고), '대학 입시 출제 경향 개선에 부침'(교육평론 1975년 11월호 28~31쪽. 1975. 11. 1.) 등은 감사원에서 허만길에게 자문하면서 1976학년도부터 각 대학에서 고등학교 교육과정 중심으로 입학시험 문제를 출제하도록 하고, 대학 입학 실기 시험 부정 및 각급 학교 부교재 채택 부조리 등 각종 교육 부조리를 척결하는 계기를 만들기도 했다. 1974년 고등학교 평준화 정책 시행 이후 최초의 논문 '고등학교 평준화 보완 방안'(교육평론 1977년 7월호 통권 225호 80~83쪽. 1977. 7. 1.), 1974년 방송통신고등학교 개설 이후 최초의 논문 '방송통신고등학교 교육의 문제점과 개선 방향'(교육평론 1978년 9월호 통권 제239호 38~43쪽. 1978. 9. 1.), 문교부 중앙교육연구원장 연구 위촉에 따른 '이질 학급 학습 지도 및 과열 과외 해소 방안'(교육평론 1980년 4월호 65~72쪽. 1980. 4. 1.), '인간 교육의 정착 방안'(교육평론 1994년 12월호 100~104쪽. 발행 주간교육신문사, 서울. 1994. 12. 1.), '자기 교육력과 추구하는 학생상'(서울교육 1995년 겨울호 46~49쪽. 발행 서울특별시교육연구원. 1995. 12. 1.), '학교 폭력의 실상과 그 예방 교육 방안'(교장학 토론회 보고서 165~185쪽. 발행 서울대학교 교육행정연수원. 1997. 8. 23.), '21세기 대비 단위 중학교 운영 모형 연구'(교육평론 1998년 1월호 85~92쪽. 발행 주간교육신문사, 서울. 1998. 1. 1), '학교운영위원회 운영의 성숙을 위하여'(월간 학교운영위원회 2002년 1월호 11~14쪽. 발행 주간교육신문사, 서울. 2002. 1. 1.) 등도 교육 정책 수립과 학교 현장 교육 개선에 적잖은 반향을 일으켰다.

ㅇ **(경상남도 의령군 역사 및 문화 연구)** 허만길은 고향 의령과 관련된 많은 문학 작품과 연구 논문과 평론을 발표하였다. 연구 논문으로는 '김해 허씨(許氏)의 의령 정착 과정'(의령신문 2012년 3월 23일), '의령군 가례를 몹시 사랑한 허원보의 삶'(의령신문 2012년 7월 13일), '의령군 가례를 사랑한 허원보의 자녀와 인척'(의령신문 2012년 9월 28일), '조선 전기 허원보의 의령군 가례 이주에 따른 지명 형성'(의령신문 2012년 12월 27일), '의령군 가례면의 역사적 명소를 표적 있게 하자'(의령신문 2013년 7월 12일), '의령군 칠곡면의 일곱 골짜기를 설정하면서'(의령신문 2013년 9월 13일), '조선전기 허원보의 의령 이주에 따른 나라 사랑 기여와 지명 형성 연구'(의령문화 제23호 12~19쪽. 발행 의령문화원, 2014. 1.) 등이 있다.

특히 논문 '조선 전기 허원보의 의령 이주에 따른 나라 사랑 기여와 지명 형성 연구'는 조선 전기에 유학자, 시인, 교육자인 예촌(禮村) 허원보(許元輔 1455~1507년)가 유명 학자와 정치인들과 교류하면서 의령을 학문적, 사회적으로 융성하게 하고, 그의 후손과 인척은 나라 사랑 의식이 숭고하고, 특히 임진왜란 때 의병 활동의 주요 버팀목이었음을 구체적으로 밝히고 있으며, 허원보의 의령 이주에 따라 의령군 가례(가례면)에 속하는 여러 지명이 어떻게 형성되고 변천되었는지에 대해서도 밝히고 있다. 허원보의 손녀의 남편이 퇴계 이황이며, 또 한 손녀는 의병장 곽재우 장군을 세 살 때부터 기른 곽재우 장군의 계모이며, 허원보의 증손자 허언심은 곽재우 장군의 매부로서 의병 전투 자금을 뒷받침하며 싸운 의병 장령이며, 허원보의 증손녀의 남편 오운은 의병장으로 출발하여 정유재란 때에도 공을 세우고 통정대부와 공조참의에 올랐으며, 또 한 증손녀의 남편 박녹은 경북 영주의 의병장으로서 공을 세우고 의금부도사가 되었다. 이런 일들을 자세히 밝힌 이 논문은 잊혀 있던 의령군 역사의 중요 부분을 어렵게 발굴한 것이다.

허만길의 평론 '호국 의병의 날 국가기념일 제정과 의령의 할 일'(의령신문 2010년 4월 9일), '자굴산장학회 창립 정신과 끈기를 이어 가자'(의령신문 2010년 8월 13일), '곽재우 장군 기념상 확대 제정을 기대하며'(의령신문 2010년 12월 10일)들에도 고향 의령에 대한 사랑이 담겨 있다. 조선 전기 1480년경 예촌(禮村) 허원보(許元輔)가 처음 지어 '白巖'(백암)이라는 현판을 걸어 그 시대의 유명 학자와 벼슬아치들이 모여 시를 지으며 사귀고, 허원보의 손녀의 남편 퇴계 이황이 올라 시를 짓던 백암정(白巖亭)이 거듭 새로 지어지며 전해 오다가, 2003년 9월 태풍 매미로 말미암아 크게 손상되었는데, 허만길은 2012년과 2013년 '의령신문'을 통해 그 유래를 밝히고 어서 복원하기를 주장한 결과 2014년 의령군에서 '고향의 강' 선도 사업에 포함시켜 백암정을 복원하기로 계획하였다.

ㅇ **(그 밖의 연구)** 위의 연구 영역 외에도 허만길은 '우리 고유 음악에 큰 빛 남긴 악성 우륵 ―우륵의 시와 춤의 재능도 조명되어야―'(월간 순수문학 2014년 3월호 147~149쪽. 발행 월간 순수문학사, 서울. *우륵문화발전연구회 주관 '제4회 의령 우륵 탄신 기념 학술 세미나 자료집' 114~116쪽 재수록. 2014. 6. 27.), '자기 수양'(한국청소년연맹 한별단〈고등학생단〉교재 '한별의 생활' 16~19쪽. 발행 한국청소년연맹. 1985. 5.), '정신 수련'(한국청소년연맹 한별단〈고등학생단〉교재 '한별의 생활' 20~32쪽. 발행 한국청소년연맹. 1985. 5.), '서울특별시 영등포 문화 발전에 바라는 일들'(문화 영등포 제7호 20~23쪽. 발행 영등포문화원, 서울. 2012. 8.) 등 다양한 영역에 걸쳐 연구한 글들을 발표하였다.

■ '복합문학' 창시(1971년)

허만길은 1971년(28살) 세계 문학사상 최초로 '복합문학'(Complex Literature)을 창안하여 첫 복합문학 '생명의 먼동을 더듬어'를 월간

'교육신풍' 1971년 9월호(발행 교육신풍사, 서울. 1971. 9. 1.)~11월호에 일부 연재하고, 1980년 4월 26일 교음사(서울)에서 단행본으로 발행하였다. '복합문학' 은 '두산백과사전'(2001. 9. 1.) 등 여러 문헌에 등재되었다.

* **복합문학(複合文學 Complex Literature):** 대한민국의 허만길(許萬吉, Hur Mangil. 1943~ . 시인. 소설가. 문학박사)이 1971년 창안한 문학 형태로서, 한 편의 문학 작품을 완성함에 있어, 시(서정시 · 서사시 · 극시), 소설, 희곡, 시나리오, 수필 등 문학의 여러 하위 장르를 두루 활용하여, 전개상의 변화와 활력을 꾀하고 주제의 형상화에 상승효과를 거두기 위해 복합장르로 구성한 문학 형태. 허만길은 문학 형태에 창조를 주어 문학을 참신하게 하는 데 도움을 주기 위해 복합문학을 구상하였음. 허만길은 첫 복합문학 '생명의 먼동을 더듬어'를 월간 '교육신풍'(教育新風) 1971년 9월호~11월호에 일부 연재하고, 1980년 4월 26일 교음사(서울)에서 단행본으로 출판하였음.

* 허만길 창시 복합문학에 관해서는 허만길 저서 「정신대 문제 제기 및 대한민국 임시정부 자리 보존운동 회고」 '복합문학의 유래와 개념' (129~157쪽) 및 'Origin and Concept of Complex Literature' (190~199쪽)(발행 주식회사 에세이퍼블리싱, 서울. 2010. 12. 21.) 참고.

■ 시(1989년), 소설(1990년) 두 부문 추천 당선 창작 활동

허만길은 1989년 '한글문학' 제9집(1989. 1. 20.)에 시 '꽃과 가을이 주는 말을', '함께 따스한 가슴을', '가을인 날은'이 추천되고, 1990년 '한글문학' 제12집(1990. 10. 5.)에 단편소설 '원주민촌의 축제'(原住民村의 祝祭, A Feast in the Village of Natives)가 추천되어, 시인과 소설가로서 문단에 등단하여 많은 문학 작품을 창작하고, 문단 활동을 하였다.

허만길은 시 창작에서 국어의 아름다움을 살리는 데 힘쓰면서, 시의 기본 정신으로 인생과 진리와 사랑에 대한 추구를 중시하고, 시의 기법으로 서정성과 상징성의 조화를 꾀하고 있다. 문학평론가이며 시인인 김남석(국회 민족문화연구소장, 숙명여자대학교 교수 역임) 님은 허만길의 시에 대해 '시상의 건실성과 이미지의 정확성', '수사학의 다양한 구사', '숙달된 문학적인 인생관의 시적 여과' 등이 돋보인다고 평했다(한글문학 제9집 63~64쪽. 1989. 2. 20.).

허만길의 시에는 맑고 깨끗하고 초연한 정신이 두드러지고 있음도 하나의 특성인데, 이와 관련하여 허만길은 시 작품 속에 청백 정신이 탁월하다는 평을 받아, 2011년 12월 23일 문예지 계간 '문예춘추'(도서출판 씨알의 소리 발행) 제정 제1회 '청백문학상'(심사위원: 시인 황금찬, 문학평론가 강범우, 시인 이양우)을 받았다.

대표 시로는 '젊음', '꽃과 가을이 주는 말을', '부르고 싶은 이름이 있다면', '대한민국 상하이 임시정부 자리', '당신이 비칩니다', '시드니의 밤', '방 만드는 사람들', '초여름이 설레면', '아침 강가에서', '사랑의 별자리', '모두가 서로의 끈과 힘', '초겨울의 미션베이', '미루나무 젊음', '4월의 한낮', '나눔의 정', '함께 따스한 가슴을', '남태평양에서', '우정의 자리', '자비와 사랑 베풀기를', '공무원', '우리 자연 우리 환경', '가르침의 들', '스승의 길 찾으며', '10대의 그날들', '가을인 날은', '가을 강물', '다시 전하는 말', '깨달음의 신비', '시인', '달과 강', '영혼을 위하여', '사별의 위로', '젊은 여교사의 연하장', '아카시아 꽃길을 걸으며', '젊은 날의 아픔', '마음', '고향집', '친구 모임', '열다섯 살 푸른 맹세', '존재의 존재법', '젊음의 춤', '자굴산', '영원한 내 나라', '여의도 꽃길', '의령 아리랑', '의령 가례', '악성 우륵 찬가', '한우산 철쭉꽃', 〈서사시〉'완고와 보람', 〈극시〉'생명 탄생 기원' 등이 꼽힌다.

허만길의 시집으로는 '당신이 비칩니다'(발행 도서출판 영하, 서울. 2000. 12. 23.), '열다섯 살 푸른 맹세'(발행 푸른사상사, 서울. 2004. 11. 27.), '아침 강가에서'(발행 도서출판 순수, 서울. 2014. 9. 1.)가 있다.

* 허만길의 시의 특성과 대표작품 소개는 (1) '한국 시 대사전' 3293~3295쪽 등재 항목 '허만길'(발행 을지출판공사. 서울. 2004. 12. 1.), (2) '한국 시 대사전'(The Encyclopedia of Korean Poetry) 3295~3296쪽 등재 항목 '허만길'(발행 이제이피북 Ejpbook, 서울.

2011. 3. 31.) 참고.

 소설가로서 허만길은 정신대 문제를 본격적으로 다룬 최초의 단편소설 '원주민촌의 축제'(A Feast in the Village of Natives. '한글문학' 제12집 115~134쪽. 편자 한글문학회. 발행 미래문화사, 서울. 1990. 10. 5.)와 이 세상 가장 신비로운 곳에서 가장 신비로운 사랑을 만나게 되는 이야기를 통해 신과 우주와 인류의 본질적·이상적 궁극성을 해명하면서 인류 개체 및 공동체의 참삶의 길을 제시하고자 한 장편소설 '천사 요레나와의 사랑'(발행 양피지, 서울. 1999. 12. 20.)이 대표작으로 꼽히고 있다.

 수필가로서 허만길은 '어머니의 마음자락'('한글문학' 제11집 121~125쪽. 편자 한글문학회. 발행 도서출판 한누리, 서울. 1990. 5. 20. *재수록: '청다문학 사화집' 제2호 199~205쪽. 발행 청다문학회, 서울. 2009. 1. 10.), '일제 강점기 애국 항일 활동을 한 아버지 허찬도 선생의 교훈'(허만길 저서 '정신대 문제 제기 및 대한민국 임시정부 자리 보존운동 회고' 11~25쪽. 발행 주식회사 에세이퍼블리싱, 서울. 2010. 12. 21.), '외솔 최현배 박사와의 만남 회고'(허만길 저서 '우리말 사랑의 길을 열면서' 34~51쪽. 발행 문예촌, 서울. 2003. 5. 26.), '(산업체 근무 학생) 특별학급 제자를 회상하며'(교육관리기술 1988년 3월호 125~130쪽. 발행 한국교육출판사, 서울. 1988. 3. 1.), '방송통신고등학교 학생들의 향학열을 돕던 생각'(나라사랑 제103집 180~185쪽. 발행 외솔회: 외솔 최현배 박사 기념 모임, 서울. 2002. 3. 23.), '정신대 희생자 넋을 생각하며'(비상기획보 1992년 봄호 통권 제19호 56~59쪽. 발행 국가안전보장회의/비상기획위원회. 1992. 3. 1.), '과로로 휴직했던(1980년) 이야기'(허만길 저서 '우리말 사랑의 길을 열면서' 318~347쪽. 발행 문예촌, 서울. 2003. 5. 26.)을 비롯해 수많은 수필을 남겼는데, 수필집으로 '열네 살 푸른 가슴'(발행 연인M&B, 서울. 2007. 6. 4.), '진리를 찾아 이상을 찾아'(발행 연인M&B, 서울. 2007. 12. 21.), '빛이 반짝이는 소리'(교육회상록. 발행 학예사, 서울. 1975. 10. 20.) 등이 있다.

■ **고등학교 교사 재직 중 1968년(25살)부터 전국 규모의 우리말 사랑 운동 전개로 1976년 국가적, 제도적 차원의 국어 순화 운동 기틀 마련 기여 및 국어 사랑 이론 정립**

허만길은 서울 영등포여자고등학교 교사 재직 중 1968년(25살)부터 우리말 사랑 운동을 전국 규모로 펼치면서, 1971년 문교부 언어생활 연구위원 활동을 하고, 1974년부터 서울 경복고등학교 우리말사랑하기회(국어예몽반) 운영을 통해 우리말 사랑 운동을 전국 규모로 펼치고, 1975년 대통령 특별보좌관(철학박사 박종홍) 자문 응대 등을 통해 1976년 박정희 대통령이 국어 순화 운동을 국가적, 제도적 차원으로 승화시키는 데 이바지하고, 국어 사랑의 이론 정립에 공헌하는 등 평생토록 국어 사랑에 열의를 기울였다. 자세한 내용은 허만길 저서 '우리말 사랑의 길을 열면서'(도서출판 문예촌. 2003. 5. 26.) 참고.

■ **1985년~1986년 서울 구로공단 근무 야간 특별학급 학생들을 헌신적으로 보살핌**

허만길은 1985년(42살) 3월 1일부터 1987년 2월 28일까지 2년간 기숙사 생활을 하면서 낮에는 산업체에서 일하고 밤에는 서울 영등포여자고등학교 야간 특별학급에서 공부하는 학생들을 교육하면서, 심한 불경기와 대우어패럴 노사 분규 사태로 한국수출산업공단(서울 구로공단) 업체들의 폐업과 휴업에 따라 일자리와 잠자리를 잃은 약 200명의 여학생들이 방황할 때, 학업을 계속할 수 있도록 서울특별시, 노동부 서울관악지방노동사무소 등의 협조를 받아 실직자 전원의 수업료를 장학금으로 지급하도록 하고, 이들의 식사, 잠자리, 재취업 등 각종 애로 사항에 혼신의 노력을 기울여 모두가 졸업의 영광을 안을 수 있도록 하는 미담을 남겼다.(1987년 3월 상공부장관 표창 수상).

■ **문교부 국어과 편수관으로서 어문 규정 개정 추진, 어문 정책 수립, 초등학교 국어과 교과서 분화 추진(1987년)**

허만길은 1987년 문교부 국어과 편수관으로서 국어심의회를 공정하게 운영하면서 '한글 맞춤법' 개정(1988년 1월 1일 문교부 확정 고시)

및 '표준어 규정' 개정(1988년 1월 1일 문교부 확정 고시)을 추진하고, 국어 순화 정책을 효율적으로 운영하였다.

국가 수준의 제5차 국어과 교육과정 개발을 추진하고, 우리나라 국어과 교육 역사상 처음으로 초등학교 국어과 교과서를 단일형 '국어'에서 '말하기·듣기', '읽기', '쓰기' 3책으로 분화하여(1987년 6월 문교부 확정. 1989년 3월부터 시행), 국어과 교육이 독해 일변도에서 벗어나 실질적이고 조화로운 국어과 교육이 이루어지도록 하는 등 국가 수준의 국어과 교육과정 개발 연구에 기여하였다.

■ 해외 동포 모국어 교육 연구 및 강사 활동(1995~2004년)

허만길은 교육부 국제교육진흥원 주관 해외 동포용 '한국어' 교재 개발 연구 위원(1995~1999. 5.) 및 한국교육과정평가원 주관 해외 동포용 '한국어' 교재 개발 연구 위원(1999. 6.~2002), 교육부 국제교육진흥원 강사(1994. 5. 28.~2004)로서 해외 동포 초청 모국어 연수, 재외 한글 학교 및 재외 교육 기관 근무 교원 초청 국어 연수, 귀국 학생 교육 담당 교사 국어 교육 연수, 해외 파견 교육 공무원 국어 교육 사전 연수 등의 강의, 교육부 국제교육진흥원 재외 동포 교육과정 심의위원회 위원(2000. 2. 1.~2002. 1. 31.) 활동을 통해 해외 동포 모국어 교육에 이바지하였다.

■ 대한민국 광복 후 최초로 대한민국 상하이 임시정부 자리 보존 운동 전개(1990년)

허만길은 한국과 중국 사이에 정식 국교가 없던 시기에 문교부(교육부) 중앙교육연수원 장학사로서 교원 국외 연수단을 인솔하여 중국을 방문하면서, 1990년 6월 13일 대한민국 상하이 임시정부 자리(마당로 馬當路)를 찾았으나, 아무 표적 하나 없이 퇴색된 집에 중국 사람이 살고 있음을 보고, 연수단 앞에서 현장 즉흥시로 '대한민국 상하이 임시정부자리'를 읊고, 귀국 후 여러 언론의 협조를 받으며 대한민국 광복 후 최초로 대한민국 상하이 임시정부 자리 보존 운동을 펼쳐 성과를 거두었다.

대한민국 상하이 임시정부 자리 보존 운동 시초가 되는 시 '대한민국 상하이 임시정부 자리'는 여러 문헌에 실리고, (한국·중국·일본 시인 시화집) '동북아 시집'(발행 한국현대시인협회. 2008)에 일본어로 번역되었다. 이 시는 충청남도 보령시 주산면 '시와 숲길 공원'(처음 이름: 항일 민족시인 추모공원) 애국동산에 2010년 4월 23일 시비로 건립되었는데, 시비의 앞면에는 시 '대한민국 상하이 임시정부 자리'와 이 시를 짓게 된 배경을 새기고, 뒷면에는 '허만길 약력'을 새겼다.

* 허만길의 대한민국 상하이 임시정부 자리 보존 운동에 관해서는 허만길 저서 「정신대 문제 제기 및 대한민국 임시정부 자리 보존운동 회고」(발행 주식회사 에세이퍼블리싱, 서울. 2010. 12. 21.) 참고.

■ 정신대 문제 제기 활동(18살. 1961년 이후) 및 정신대 문제 단편소설 '원주민촌의 축제'(1990년) 발표. '정신대 위령의 날' 제정 및 '국제 사람몸 존중의 날' 제정 제의 (1991년 11월 30일)

허만길은 일제의 대한민국 강점기에 애국 항일 운동을 한 아버지 허찬도(1909. 6. 17.~1968. 12. 21.) 선생에게서 어릴 때부터 일제의 정신대(종군위안부) 이야기를 들어 온 것에 교훈을 받아, 평소 학교 교단의 교육자(1968년부터. 18살부터)로서 문교부 공직인(1987년부터. 43살부터)으로서 정신대 문제를 꾸준히 주장해 왔다. 한일협정(1965. * 한·일 간 기본 관계에 관한 조약, Treaty on Basic Relations between the Republic of Korea and Japan)에도 언급되지 않았던 일제의 정신대 문제를 그냥 역사의 뒷전에 묻히게 할 수 없다는 양심에서 정신대 문제를 주제로 한 단편소설 '원주민촌의 축제'(A Feast in the Village of Natives)를 1990년(47살) 10월 5일 '한글문학' 제12집 115~134쪽(편자 한글문학회 회장 안장현. 발행 미래문화사, 서울. 1990. 10. 5.)에 발표하여, 정신대 문제를 역사적 관심사로 불러일으키는 주요 발단을 이루었다. '원주민촌의 축제'는 정신대 문제를 본격적으로 다룬 최초의 단편소설로 추정된다.

〈단편소설 '원주민촌의 축제'에 대한 평〉

 단편소설 '원주민촌의 축제'는 발표 즉시 문인과 언론을 비롯하여 각계로부터 큰 관심을 끌면서, 잊혀 가던 정신대 문제를 일깨우는 촉매 역할을 했다. 서울대학교 구인환(문학 평론가, 소설가) 교수는 '원주민촌의 축제'는 "일제의 압정에 항쟁하며 독립의 열매를 키우던 치열한 삶이 해외 동포의 고국 방문이란 연결고리로 외손인 민속학도에 의해 그 신비가 벗겨지는 충격과 감동을 주는 작품이다. 추리적인 호기심을 자극하는 구성으로 치밀하게 서사의 핵을 구조화하는 기법이 좋다."고 했다(한글문학 제12집 136쪽. 1990. 10. 5.).

 구인환 교수는 이 소설이 발표된 지 약 한 달 뒤 1990년 11월 초 제주도에서 개최된 한국 소설가 세미나(세미나 종료일: 1990년 11월 6일경)가 있었는데, 소설가들은 허만길의 단편소설 '원주민촌의 축제'야 말로 잃어버릴 뻔했던 한국 문학의 한 사명적 영역을 일깨워 준 훌륭한 작품이며 한국 소설가 모두가 관심을 가져야 할 작품이라고 평가했다는 것을 한글문학회 회장 안장현 님과 허만길 작가에게 전해 주었다.

 시인 안장현 한글문학회 회장은 기회가 있을 때마다 단편소설 '원주민촌의 축제'는 "문학사에 길이 기록될 수작"이라고 극찬했다(주간교육신문 1991년 11월 18일). 이 작품은 1990년 한글문학회에서 주는 한글문학상 신인상 수상작으로 선정되었으며, 1991년 11월 30일 한글문학상 시상식에서도 안장현 한글문학회 회장은 인사말을 통해 이 작품에 대한 극찬을 되풀이했다.

〈'정신대 위령의 날' 제정 및 '국제 사람몸 존중의 날' 제정 제의. 정신대 문제 제기 성과〉

 이 작품이 발표된 이듬해 1991년 11월 30일 한글문학상(신인상) 수상작으로 선정됨을 계기로 허만길은 " '정신대 위령의 날' 제정 및 '국제 사람몸 존중의 날' 제정 제의"(유인물. 1991. 11. 30.)를 각계에 하면서, 계속 종군위안부 문제를 역사적 관심사로 환기시킴과 동시에 정신대 희생자의 넋을 위로하자는 운동을 벌였다. 언론에서는 '주간조선'(1991. 12. 15.), '한국일보'(1992. 1. 6.), '조선일보'(1992. 1. 18.), '동아일보'(1992. 1. 21.), '주간경향'(1992. 2. 9.), 국가안전보장회의와 비상기획위원회 공동 발행 '비상기획보'(1992년 봄호. 1992. 3. 1.) 등이 크게 호응했다.

　1992년 1월 언론에서 일제 때 12살 초등학교 어린이들마저 정신대에 끌려간 사실이 뚜렷이 드러났다고 하자, 그동안 허만길이 제기해 온 정신대 문제는 급속도로 국내외의 큰 관심을 끌게 되었다.

〈정신대 문제 제기 활동 공로로 국가인권위원회 위원장 표창 수상(2004. 12. 10.)〉

　허만길은 정신대(종군위안부) 문제 제기 활동을 주요 공로로 인정받아, 2004년 12월 10일 제56주년 세계인권선언기념일에 국가인권위원회 위원장 표창을 받았다.

〈두산백과사전(주식회사 두산. 등재일 2007. 3. 2.)에 단편소설 '원주민촌의 축제' 등재〉

　허만길의 단편소설 '원주민촌의 축제'는 2007년 3월 '두산백과사전'(주식회사 두산)에 등재되어, 설명되었다.

　등재 항목(올림말)은 '원주민촌의 축제'[原住民村의 祝祭, A Feast in the Village of Natives]이다.

〈'한국현대문학 100주년 기념탑'(2008년 건립) 딸린 비에 정신대 문제 소설 이름 '원주민촌의 축제' 조각〉

　사단법인 국제펜클럽 한국본부와 사단법인 한국육필문예보존회(회장 이양우)는 공동으로 충남 보령시의 후원을 받아, 보령시에 2008년 11월 8일 '한국현대문학 100주년 기념탑'을 건립했다. 중심탑 '한국현대문학 100주년 기념탑' 앞에는 이에 딸린 작은 비들이 있다. 2009년 6월 6일 현재 딸린 비는 셋인데, 한 비석에는 '한국 현대문학 연대'를 새기고, 두 비석에는 '빛나는 한국문단의 인물들'을 새겨 두고 있다. 딸린 비 '빛나는 한국문단의 인물들'에는 문학인 이름과 그 문학인의 문학 전문 영역과 대표작 1편을 새겨 두고 있다.

　중심 탑 '한국현대문학 100주년 기념탑' 앞의 딸린 비 '빛나는 한국문단의 인물들'에 허만길의 정신대 문제 단편소설 이름 '원주민촌의 축제'를 다음과 같이 새겨 두고 있다.

허만길 : 시인, 소설가. 「원주민촌의 축제」

'한국현대문학 100주년 기념탑과' 과 딸린 비 '빛나는 한국문단의 인물들' 은 처음에는 충남 보령시 성주면 개화리 가로공원(보령석탄박물관 입구)에 건립되었는데, 2010년 충남 보령시 주산면 삼곡리 '시와 숲길 공원' (처음 이름: 항일민족시인추모공원)으로 옮겨졌다.

* **단편소설 '원주민촌의 축제' 재수록:** 허만길 저서 「정신대 문제 제기 및 대한민국 임시정부 자리 보존운동 회고」 158~186쪽 (발행 주식회사 에세이퍼블리싱, 서울. 2010. 12. 21.)

* 허만길의 정신대 문제 제기 활동에 관해서는 허만길 저서 「정신대 문제 제기 및 대한민국 임시정부 자리 보존운동 회고」 (발행 주식회사 에세이퍼블리싱, 서울. 2010. 12. 21.) 참고.

■ 현대적 개념의 학교 진로 교육 도입 및 발전 활동 (1993~2005년)

허만길은 1993년부터 2005년까지 13년간 우리나라 학교 현장에 현대적 개념의 진로 교육 도입 및 발전을 위해 활약하였다.

서울특별시교육연구원 진로교육연구부 연구사(1993. 3. 1.~1994. 5. 16. * 서울특별시교육연구원 진로교육연구부는 1990년 4월 개설)로서 중등학교 교사용 '진로 지도의 이론과 실제' 발간 기획 및 보급, 진로 교육 심포지엄 개최 등의 업무를 시작으로 하여, 한국진로교육학회 창립 활동(1993. 11. 4. 창립), 한국진로교육학회 이사(2000~2005), 서울진로교육연구회 부회장 및 이사(1993. 3. 1.~2001. 2. 28.), 서울 초·중등학교진로교육연구회 감사(2001. 3. 1.~2005. 2. 28. * 2001년 3월 1일 '서울진로교육연구회'를 바꾼 이름), 서울특별시교원연수원 진로상담교사 자격연수 교육과정 편성위원(1996), 서울특별시교원연수원 진로상담교사 자격연수 강사(1996~1998), 서울특별시교육연구원 상담자원봉사연수 강사(1997), 서울특별시교육청 진로교육추진위원회 위원장(1997~1998), 서울특별시교육청 주관 중등학교 교원 대상 진로 교육 개선 논문 특별 공모 심사위원장(1998), 고등학교 교과서 '진로상담' 집필(공저. 발행 서울특별시교육청. 1999년 1월 초판), 고등학교 교과서 '진로와 직업' 편찬 연구위원(발행 대한교과서 주식회사. 2003년 3월 초판), 한국직업능력개발원 전문가협의회 위원 (2004), 서울특별시교육과학연구원 진로정보센터 운영 자문위원 (2003), 한국직업능력개발원 교원 진로교육 직무연수 강사(2005) 등을 지내면서 진로 교육 정책 수립, 학교 진로 교육 체제 확립, 종전의 중등학교 '교도부'를 1994년 10월 '진로상담부'로 변경하기 위한 노력, 중등학교 '진로상담부' 기능 확립, 교육 시책 담당자·교원·학부모·학생의 진로 교육 인식 변화 활동, 교사용·학생용·학부모용 진로 교육 자료 개발, 진로 교육 관련 각종 연수회 기획 및 지도, 진로 교육 연수회 주제 발표, 체계적인 진로 교육 모형 개발, 진로 교육 논문 발표, 중학교 교감 및 중·고등학교 교장으로서 학교 현장 진로 교육의 선도적 역할(1994. 5. 17.~2005. 8. 31.), 우리나라 최초로 중학생용 '나의 진로 선택 길잡이' 책 개발(1996), 중학생용 진로 탐색 학습장 개발(2000), 고등학생용 진로 학습장 개발(2004), 서울 당곡고등학교 교장 재직 중 서울특별시교육청 지정 선도학교 운영으로 고등학생의 소질·적성 계발을 위한 진로 교육 프로그램 개발 및 보급(2004. 3. 1.~2005. 2. 28.) 등을 통해 우리나라 학교 현장에 현대적 개념의 진로 교육 도입 및 발전을 위해 활약하였다.

■ 고향 경상남도 의령군과 관련한 연구, 문학 창작, 노래 제작 선사 활동

허만길의 조상이 경남 의령군에서 살게 된 것은 예촌(禮村) 허원보(許元輔 1455~1507년 음력 10월 7일) 선생이 1480년경 경남 고성에서 의령으로 이주한 것에서 비롯된다. 허원보 선생은 퇴계(退溪) 이황(李滉) 선생의 처조부가 되고, 의병장 곽재우(郭再祐) 장군을 3살적부터 기른 계모(황해도 관찰사 곽월郭越의 부인)의 조부가 된다. 허만길은 아버지 허찬도(許贊道. 처음 이름 허기룡許己龍. 1909. 6. 17.~1968. 12. 21.)가 일본에서 독립운동을 한 까닭으로 1943년 3월 일본 교토부(京都府) 구세군(久世郡)에서 태어나고, 1944년 7월부터 조상들이 살아온 경상남도 의령군 칠곡면 도산리 260번지에서 자랐다. 허만길은 고향 의령과 관련된 많은 문학 작품과 연구 논문과 평론을 발표하고, 의령을 소재로 한 노래를 제작하여 고향에 선사하였다.

의령군 칠곡면 '애향비'(愛鄕碑)에는 허만길의 시 '내 고향 칠곡'이 조각되었다. 허만길은 자신의 시 '의령 아리랑'(작곡 허만길 며느리 정미진), '자굴산'(작곡 오혜란), '금지샘 사랑'(작곡 오혜란), '칠곡 사랑'(작곡 정미진)을 노래로 제작하여 음반을 고향에 선사하고, 시 '의령을 위하여', '의령 가례', '한우산 철쭉꽃', '칠곡 존적암', '칠곡초등학교 동문 기림'(작곡 허흔도) 등을 발표하고, 단편소설 '진아 자매의 자굴산 축제'('한국소설' 2013년 5월호. 발행 한국소설가협회)를 발표했다.

'의령군 칠곡면의 일곱 골짜기를 설정하면서'(의령신문 2013년 9월 13일), '조선전기 허원보의 의령 이주에 따른 나라 사랑 기여와 지명 형성 연구'(의령문화 제23호. 발행 의령문화원, 2014. 1.) 등 많은 논문을 발표하고, 의령과 관련한 많은 수필과 신문 칼럼을 발표하였다.

특히 논문 '조선 전기 허원보의 의령 이주에 따른 나라 사랑 기여와 지명 형성 연구'는 조선 전기에 유학자, 시인, 교육자인 예촌(禮村) 허원보(許元輔 1455~1507년)가 유명 학자와 정치인들과 교류하면서 의령을 학문적, 사회적으로 융성하게 하고, 그의 후손과 인척은 나라 사랑 의식이 숭고하고, 특히 임진왜란 때 의병 활동의 주요 버팀목이었음을 구체적으로 밝히고 있으며, 허원보의 의령 이주에 따라 의령군 가례(가례면)에 속하는 여러 지명이 어떻게 형성되고 변천되었는지에 대해서도 밝히고 있다. 허원보의 손녀의 남편이 퇴계 이황이며, 또 한 손녀는 의병장 곽재우 장군을 세 살 때부터 기른 곽재우 장군의 계모이며, 허원보의 증손자 허언심은 곽재우 장군의 매부로서 의병 전투 자금을 뒷받침하며 싸운 의병 장령이며, 허원보의 증손녀의 남편 오운은 의병장으로 출발하여 정유재란 때에도 공을 세우고 통정대부와 공조참의에 올랐으며, 또 한 증손녀의 남편 박녹은 경북 영주의 의병장으로서 공을 세우고 의금부도사가 되었다. 이런 일들을 자세히 밝힌 이 논문은 잊혀 있던 의령군 역사의 중요 부분을 어렵게 발굴한 것이다. 1480년경 예촌(禮村) 허원보(許元輔)가 처음 지어 '白巖'(백암)이라는 현판을 걸어 그 시대의 유명 학자와 벼슬아치들이 모여 시를 지으며 사귀고, 허원보의 손녀의 남편 퇴계 이황이 올라 시를 짓던 백암정(白巖亭)을 2012년과 2013년 '의령신문'을 통해 그 유래를 밝히고어서 복원하기를 주장한 결과 2014년 의령군에서 백암정을 복원하기로 계획하였다.

■ 저서
- **한국 현대 국어 정책 연구**(발행 국학자료원, 서울. 1994. 8. 25.)
- **우리말 사랑의 길을 열면서**(발행 도서출판 문예촌, 서울. 2003. 5. 26.)
- **우리말 사랑의 길**(발행 학예사, 서울. 1976. 6. 15.)
- **정신대 문제 제기 및 대한민국 임시정부 자리 보존 운동 회고**(발행 에세이퍼블리싱, 서울. 2010. 12. 21.)
- **(장편복합문학)생명의 먼동을 더듬어**(*세계 최초 장편복합문학. 발행 교음사, 서울. 1980. 4. 26.)
- **(시집)당신이 비칩니다**(발행 도서출판 영하, 서울. 2000. 12. 23.)
- **(시집)열다섯 살 푸른 맹세**(발행 푸른사상사, 서울. 2004. 11. 27.)
- **(시집)아침 강가에서**(발행 도서출판 순수, 서울. 2014. 9. 1.)
- **(장편소설)천사 요레나와의 사랑**(발행 양피지, 서울. 1999. 12. 20.)
- **인류를 위한 참얼음**(*깨달음의 글. 발행 시인사, 서울. 1980. 8. 21.)
- **(수필집)열네 살 푸른 가슴**(발행 연인M&B, 서울. 2007. 6. 4.)
- **(수필집)진리를 찾아 이상을 찾아**(발행 연인M&B, 서울. 2007. 12. 21.)
- **(수필집)빛이 반짝이는 소리**(*교육회상록. 발행 학예사, 서울. 1975. 10. 20.)
- **(고등학교 교과서)진로 상담**(공동 집필, 서울특별시교육청, 1999. 1. 초판)

■ 주요 논문
〈국어학, 언어학, 국어 교육, 언어 교육, 문학 분야〉
⊙ "역동언어학 및 역동유형 이론 구상"(The Conception of Dynamic Linguistics and Dynamic Pattern Theory), 한글

제148호 75~98쪽. 발행 한글학회, 서울. 1971. 12.
- **"음성 언어 교육의 영역 설정 연구"**, 서울대학교대학원 석사학위 논문. 1979. 8.
- **"음성 언어 교육의 원리"**, 난대 이응백 박사 회갑 기념 논문집 671~682쪽. 편집 난대 이응백 박사 회갑기념논문집간행회. 발행 보진재, 서울. 1983. 4. 30.
- **"광복 후의 문맹 퇴치 정책 연구"**, 교육한글 제7호 175~197쪽. 발행 한글학회, 서울. 1994. 9. 25.
- **" '글쎄'의 품사 범주와 통사적 의미"**, 남천 박갑수 선생 화갑기념 논문집 243~262쪽. 엮음 한국어연구회. 발행 태학사, 서울. 1994. 10. 10.
- **"국어 정책"**, 국어 교육학 사전. 발행 서울대학교 국어연구소. 1997. 8. 30.
- **"유잠자(類潛自: '유형화, 잠재화, 자동화'의 준말) 언어 교육론" (연재)**, 교육평론 1969년 7월호(통권 제129호)~1969년 10월호(통권 제132호), 1970년 2월호(통권 제136호), 1970년 4월호(통권 제138호). 발행 교육평론사, 서울.
- **"1950년대 한국 군대의 문맹 퇴치 활동"**, 비상기획보 제28호 1994년 여름호 34~37쪽. 발행 국가안전보장회의/비상기획위원회. 1994. 6. 1.
- **"광복 직후의 우리말 도로찾기 정책"**, 교육개발 1994년 9월호 통권 제91호 69~72쪽. 발행 한국교육개발원, 서울. 1994. 8. 30.
- **"청소년들의 저속 가사에 비친 사회"**, 주부생활 1978년 8월호 164~167쪽. 발행 주부생활사, 서울. 1978. 8. 1.
- **"이름말로 본 국어 순화 실태"**, 수도교육 1981년 9월호 통권 제66호 29~32쪽. 발행 서울특별시교육연구원. 1981. 9. 1.
- **"예절로서의 곱고 아름다운 말씨"**, 국어생활 1987년 가을호 통권 제10호 30~40쪽. 발행 대한민국 학술원 부설 국어연구소, 서울. 1987. 9. 25.
- **"역대 국민학교 1학년 말하기 교육 요소 분석 연구"**, 남사 이근수

박사 환력기념논총 443~457쪽. 엮음 남사 화갑기념논총간행위원회. 발행 반도출판사, 서울. 1992. 4. 15.

- **"공무원 연수와 국어"**, 교육연수 제1호 176~183쪽. 발행 교육부 중앙교육연수원, 서울. 1992. 12. 31.
- **"공무원 우리말 잘 쓰기 규범"**, 교육평론 1993년 6월호 71~75쪽. 발행 주간교육신문사, 서울. 1993. 6. 1.
- **"공무원 국어 생활의 반성 및 향상 방안"**, 국어교육 81·82합병호 279~297쪽. 발행 한국국어교육연구회, 서울. 1993. 8. 31.
- **"말글 정책은 국민 정신 가짐에 영향 미침을 알아야"**, 세종성왕 육백 돌 438~440쪽. 발행 세종대왕기념사업회, 서울. 1999. 5. 15.
- **"겨레말의 중요성과 어문 규정"**, 2002년 해외 파견 교육 공무원 직무 교육 교재 211~229쪽. 발행 교육부 국제교육진흥원. 2001. 12.
- **"중등학교 국어과 교육의 실제 −제7차 국어과 교육과정 시행과 관련하여− "**, 서울교육 2002년 봄호 통권 제166호 78~83쪽. 발행 서울특별시교육과학연구원. 2002. 3. 15.
- **"재외 국민의 모국어 사랑 교육"**, 2004년 해외 파견 교육 공무원 직무 연수 교재 335~362쪽. 발행 교육인적자원부 국제교육진흥원. 2003. 11. 28.
- **"체계적이고 다양한 국어 정책 수립 및 구현을"**, 말과 글 2004년 가을호 통권 제100호 154~158쪽. 발행 한국어문교열기자협회, 서울. 2004. 9. 30.
- **"복합문학의 유래와 개념"**, 허만길 저서 '정신대 문제 제기 및 대한민국 임시정부 자리 보존운동 회고' 129~157쪽. 발행 주식회사 에세이퍼블리싱, 서울. 2010. 12. 21.
- **"Origin and Concept of Complex Literature"**, 허만길 저서 '정신대 문제 제기 및 대한민국 임시정부 자리 보존운동 회고' 190~199쪽. 발행 주식회사 에세이퍼블리싱, 서울. 2010. 12. 21.
- **"Interpretation of the Short Novel 'A Feast in the Village of Natives' "**, 허만길 저서 '정신대 문제 제기 및 대한민국 임시정부 자리 보존운동 회고' 200~208쪽. 발행 주식회사 에세이퍼

블리싱, 서울. 2010. 12. 21.
- ⊙ 【복합문학 탄생 40돌 기념】 "복합문학의 개념과 기대"(Concept and Expectation of Complex Literature), 참여문학(The Participant Literature) 2011년 가을호 통권 47호 53~72쪽. 발행 도서출판 문예촌, 서울. 2011. 9. 10.
- ⊙ "정신대 문제 단편소설 '원주민촌의 축제'(1990년) 창작 전후", 문학신문 문인회 작품집 362~369쪽. 발행 세종문화사, 서울. 2014. 2. 15.

〈진로 교육 분야〉

- ⊙ **"중학교 진로 교육 강화 방향"**, 진로교육연구 제3집 13~24쪽. 발행 서울진로교육연구회. 1995. 12. 1.
- ⊙ **"고등학교 진로 교육 활성화를 위한 지원 체제 방안"**, 1996년 진로 교육 세미나 자료집 '교육 개혁안에 따른 고등학교 진로 교육' 77~92쪽. 발행 서울특별시교육연구원. 1996. 6. 14.
- ⊙ **"학교 진로 교육 계획의 주요 영역"**, 교과서 연구 제27호 58~60쪽. 발행 한국2종교과서협회(*2종교과서: 검인정교과서), 서울. 1997. 4. 1.
- ⊙ **"열린 학습 사회의 진로 지도 실제"**, 중등학교 교감 자격 연수 교재 311~322쪽. 발행 서울특별시교원연수원. 1997. 5.
- ⊙ **"중학교 진로 교육 기회의 확보와 운용"**, 서울교육 1997년 여름호 48~51쪽. 발행 서울특별시교육연구원. 1997. 6. 10.
- ⊙ **"학교 진로 교육 계획 수립 방향"**, 1997학년도 중등학교 진로상담교사 자격 연수 교재 393~408쪽. 발행 서울특별시교원연수원. 1997. 12.
- ⊙ **"미래 사회의 전망"**, 고등학교 과정 직업 학교 교과서 '진로 상담' 59~84쪽. 발행 서울특별시교육청. 1999. 1.
- ⊙ **"국가 인적 자원 개발과 중등학교 진로 교육"**, 진로 교육 연구 제13호 39~60쪽. 발행 한국진로교육학회. 2001. 6. 1.
- ⊙ **"고등학교의 체계적 진로 교육 방향"**, 교육 마당 21. 2005년 2월호 110~112쪽. 발행 교육인적자원부. 2005. 2. 1.

- "고등학교의 체계적 진로 교육 프로그램 개발 활용 -당곡고등학교 선도학교 운영 사례 중심으로- ", 중등 교원 진로 지도의 실제 직무 연수 교재 174~197쪽. 발행 한국직업능력개발원. 2005. 1. 25.

〈교육 일반 분야〉

- **"개선돼야 할 대학 입시 출제 경향"**, 교육평론 1975년 2월호 84~87쪽. 발행 교육평론사. 서울. 1975. 2. 1.
- **"대학 입시 출제 경향과 개선점"**, 교육평론 1975년 6월호 62~65쪽. 발행 교육평론사, 서울. 1975. 6. 1.
- **"대학 입시 출제 경향 개선에 부침"**, 교육평론 1975년 11월호 28~31쪽. 발행 교육평론사, 서울. 1975. 11. 1.
- **"고등학교 평준화 보완 방안"**, 교육평론 1977년 7월호 통권 225호 80~83쪽. 발행 교육평론사, 서울. 1977. 7. 1.
- **"카운츠(George S. Counts)의 진보적 교육 사상"**, 교육연구 1978년 8월호 61~66쪽. 발행 한국교육생산성연구소 교육연구사, 서울. 1978. 8. 1.
- **"방송통신고등학교 교육의 문제점과 개선 방향"**, 교육평론 1978년 9월호 통권 제239호 38~43쪽. 발행 교육평론사, 서울. 1978. 9. 1.
- **"이질 학급 학습 지도 및 과열 과외 해소 방안"**, 교육평론 1980년 4월호 65~72쪽. 발행 교육평론사, 서울. 1980. 4. 1.
- **"인간 교육의 정착 방안"**, 교육평론 1994년 12월호 100~104쪽. 발행 주간교육신문사, 서울. 1994. 12. 1.
- **"학교 폭력의 실상과 그 예방 교육 방안"**, 교장학 토론회 보고서 165~185쪽. 발행 서울대학교 교육행정연수원. 1997. 8. 23.
- **"21세기 대비 단위 중학교 운영 모형 연구"**, 교육평론 1998년 1월호 85~92쪽. 발행 주간교육신문사, 서울. 1998. 1. 1.

〈그 밖의 분야〉

- **"자기 수양"**, 한국청소년연맹 한별단(고등학생단) 교재 '한별의 생활' 16~19쪽. 한국청소년연맹. 1985. 5. 1.
- **"정신 수련"**, 한국청소년연맹 한별단(고등학생단) 교재 '한별의 생활' 20~32쪽. 한국청소년연맹. 1985. 5. 1.

- ⊙ **"김해 허씨(許氏)의 의령 정착 과정"**, 의령신문 제298호 2012년 3월 23일 2쪽. 의령신문사, 경남 의령군 의령읍.
- ⊙ **"의령군 가례를 몹시 사랑한 허원보의 삶"**, 의령신문 제305호 2012년 7월 13일 3쪽. 의령신문사, 경남 의령군 의령읍.
- ⊙ **"의령군 가례를 사랑한 허원보의 자녀와 인척"**, 의령신문 제310호 2012년 9월 28일 3쪽. 의령신문사, 경남 의령군 의령읍.
- ⊙ **"조선 전기 허원보의 의령군 가례 이주에 따른 지명 형성"**, 의령신문 제316호 2012년 12월 27일 3쪽 전체면. 의령신문사, 경남 의령군 의령읍.
- ⊙ **"의령군 가례면의 역사적 명소를 표적 있게 하자"**, 의령신문 제329호 2013년 7월 12일 4쪽 전체면. 의령신문사, 경남 의령군 의령읍
- ⊙ **"의령군 칠곡면의 일곱 골짜기를 설정하면서"**, 의령신문 제333호 2013년 9월 13일 3쪽 전체면. 의령신문사, 경남 의령군 의령읍.
- ⊙ **"조선전기 허원보의 의령 이주에 따른 나라 사랑 기여와 지명 형성 연구"**, 의령문화 제23호 12~19쪽. 발행 의령문화원, 경남 의령군 의령읍. 2014. 1.
- ⊙ **"우리 고유 음악에 큰 빛 남긴 악성 우륵 – 우륵의 시와 춤의 재능도 조명되어야 –"**, 월간 순수문학 2014년 3월호 147~149쪽. 발행 월간순수문학사, 서울. 2014. 3. 1.

■ 단편소설

- ○ **"원주민촌의 축제"**, 한글문학 제12집 115~134쪽. 편자 한글문학회. 발행 미래문화사. 서울. 1990. 10. 5.
- ○ **"꽃망울"**, 월간 '유아교육자료' 1991년 3월호 100~103쪽. 발행 한국교육출판, 서울.
- ○ **"채색된 사람들"**, 한글문학 제13집 165~184쪽. 엮은이 한글문학회, 발행 도서출판 한누리, 서울. 1991. 4. 20.
- ○ **"충격"**, 한글문학 제15집 239~253쪽. 엮은이 한글문학회. 발행 도서출판 한누리, 서울. 1992. 5. 20.
- ○ **"진아 자매의 자굴산 축제"**, 한국소설(The Korea Novel) 166호

2013년 5월호 84~96쪽. 발행 한국소설가협회. 2013. 5. 1.

■ **주요 수필**
⊙ **"일제 강점기 애국 항일 활동을 한 아버지 허찬도 선생의 교훈"**, 허만길 저서 '정신대 문제 제기 및 대한민국 임시정부 자리 보존 운동 회고' 11~25쪽. 발행 주식회사 에세이퍼블리싱, 서울. 2010. 12. 21.
⊙ **"어머니의 마음자락"**, (1) 한글문학 제11집 121~125쪽. 편자 한글문학회 회장 안장현. 발행 도서출판 한누리, 서울. 1990. 5. 20. (2) (*재수록) 청다문학 사화집 제2호 199~205쪽. 발행 청다문학회, 서울. 2009. 1. 10.
⊙ **"허만길 시인의 삶의 자취(요약)"**, 허만길 저서 '정신대 문제 제기 및 대한민국 임시정부 자리 보존운동 회고' 209~358쪽. 발행 주식회사 에세이퍼블리싱, 서울. 2010. 12. 21.
⊙ **"과로로 휴직했던(1980년) 이야기"**, 허만길 저서 '우리말 사랑의 길을 열면서' 318~347쪽. 발행 문예촌, 서울. 2003. 5. 26.
⊙ **"(산업체 근무 학생) 특별학급 제자를 회상하며"**, 교육관리기술 1988년 3월호 125~130쪽. 발행 한국교육출판사, 서울. 1988. 3. 1.
⊙ **"정신대 희생자 넋을 생각하며"**, 비상기획보 1992년 봄호 통권 제19호 56~59쪽. 발행 국가안전보장회의/비상기획위원회. 1992. 3. 1.
⊙ **"오는 봄, 맞이하는 봄 속에 소녀 정신대 생각"**, 교육신보 1992년 1월 27일 3쪽. 발행 교육신문사, 서울.
⊙ **"방송통신고등학교 학생들의 향학열을 돕던 생각"**, 나라사랑 제103집 180~185쪽. 발행 외솔회(외솔 최현배 박사 기념 모임), 서울. 2002. 3. 23.
⊙ **"외솔 최현배 박사와의 만남 회고"**, (1) 허만길 저서 '우리말 사랑의 길을 열면서' 34~51쪽. 발행 문예촌, 서울. 2003. 5. 26. (2) 나라사랑 제108집 226~243쪽. 발행 외솔회(외솔 최현배 박사 기념 모임), 서울. 2004. 9. 23.
⊙ **"서울 영원중학교, 세계적 청소년 문제 작가 존 마스든 초청 강연 회고"**, 교육평론 2000년 7월호 48~51쪽. 발행 주간교육신문사,

서울. 2000. 7. 1.
- "2000년 사하 공화국 교육부 장관의 학교(서울 영원중학교) 방문 회고", 청다문학 사화집 제4호 171~176쪽. 발행 청다문학회, 서울. 2011. 1. 31.
- "2001년 전후 서울 영원중학교 교장 재직 시절", 문화 영등포 제8호 35~39쪽. 발행 영등포문화원, 서울. 2013. 7. 20.
- "서울 당곡고등학교 교직원들과 새해 떡국을 먹던 날", 서울 교육의정 회보 제2호 22~25쪽. 발행 서울특별시교육의정회. 2004. 4. 1.
- "문예춘추 제1회 청백문학상 수상(2011년) 소감", 문예춘추 2012년 봄호 49쪽~53쪽. 발행 씨알의 소리, 서울. 2012. 3. 16.
- "의령군 칠곡면 애향비 생각", 의령신문 제340호 2013년 12월 25일 3쪽. 발행 의령신문사, 경남 의령군, 의령읍.
- "1950년대 칠곡초등학교 학창 시절 돌아봄", 의령신문 제353호 2014년 7월 11일 7쪽. 발행 의령신문사, 경남 의령군 의령읍.

■ 허만길 관련 사항 등재 주요 문헌, 비문, 시비
- '기네스북'(*한국어 번역판. 발행처 신아사, 서울. 1991. 2. 25.)의 '한국편'(302쪽)에 '허만길(1943년 3월 21일생) 최연소 중학교 교원 자격증 취득(18살. 1961년 4월 10일) 및 최연소 고등학교 교원 자격증 취득(19살. 1962년 12월 6일)' 등재 풀이(*영국 기네스 본부Guinness PLC 발행 '기네스북The Guinness Book of Records' 번역본에 '한국편' 첨가)
- '대한민국 5,000년사' 제7권 '한국 인물사' 1009쪽(엮은이 역사편찬회. 펴낸곳 역사편찬회 출판부, 서울. 1991. 4. 10.)에 '허만길' 등재 풀이
- '대한민국 현대 인물선' 1401쪽(발행 대한민국현대인물편찬회, 서울. 1991. 7. 1.)에 '허만길' 등재 풀이
- '한국을 움직이는 인물들'(Who's Who in Korea) 2527쪽(발행 중앙일보사, 서울. 1997. 12. 20.)에 '허만길' 등재 풀이
- '두산세계대백과사전'(CD-ROM판. 발행 두산동아출판사, 서울.

2001. 9.)에 허만길 창시 '복합문학(複合文學, Complex Literature)' 등재 풀이

- **'두산백과사전'** (발행 주식회사 두산, 서울. 2001. 9.)에 허만길 창시 '복합문학(複合文學, Complex Literature)' 등재 풀이
- **'한국 시 대사전'** 3293~3295쪽(발행 을지출판공사, 서울. 2004. 12. 1.)에 '허만길' 등재: 허만길 소개 및 대표 시 9편 실음.
- **'국가 상훈 인물 대전'** 제5권 **'현대사의 주역들'** 1525쪽(발행 국가상훈편찬위원회, 서울. 2005. 6. 20.)에 '허만길' 등재 풀이
- **'두산백과사전'** (발행 주식회사 두산, 서울. 2007. 3. 2.)에 허만길의 정신대 문제 단편소설 '원주민촌의 축제[原住民村의 祝祭, A Feast in the Village of Natives]' 등재 풀이
- **'한국 시 대사전(The Encyclopedia of Korean Poetry) 3295~3296쪽** (발행 이제이피북 Ejpbook, 서울. 2011. 3. 31.)에 '허만길' 등재: 허만길 소개 및 대표 시 5편 수록

- 경남 의령군 칠곡면 '애향비'(2001. 8. 15. 건립)에 허만길 시 '내 고향 칠곡' 조각
- 충남 보령시 '시와 숲길 공원'의 '한국현대문학 100주년 기념탑' (2008. 11. 건립) 딸린 비 '빛나는 한국문단의 인물들'에 '허만길'과 정신대(종군위안부) 문제 단편소설 제목 '원주민촌의 축제' 등재(건립자: 사단법인 국제펜클럽한국본부/사단법인 한국육필문예보존회. 2008. 11.)
- 개화예술공원(충남 보령시 성주면)에 허만길 시비 '당신이 비칩니다' 건립(2009. 11. 30.)
- 시와 숲길 공원(처음 이름: 항일 민족시인 추모 공원. 충남 보령시 주산면) 애국동산에 허만길 시비 '대한민국 상하이 임시정부 자리' 건립(2010. 4. 23.): 뒷면에 허만길 약력
- 시와 숲길 공원(충남 보령시 주산면) '한국문학 육필탑'(한국문학 육필기념대비)에 허만길 육필 조각(2011. 6. 18.)
- 시와 숲길 공원(충남 보령시 주산면) '한국 현대문학 연대표탑'에

허만길 대표작 기록(2011. 11.)
- ⊙ 시와 숲길 공원(충남 보령시 주산면) '한국문인 인물상벽'에 허만길 인물상, 시 '아침 강가에서', 약력 조각(2012. 5. 12.)
- ⊙ 서울특별시에서 지하철역에 허만길 시 '그리운 목소리' 게시(2010. 1.)
- ⊙ 서울특별시에서 지하철역에 허만길 시 '서울의 새 아침' 게시(2012. 10.)

【Profile of Hur Mangil】

■ Full Name: Hur Mangil (Surname: Hur / Given name: Mangil)
■ Korean (The Republic of Korea). Born on March 21, 1943 in 30 Okubonai (大久保內), Oaja (大字), Okubomura(大久保村), Kusegun (久世郡), Kyotofu (京都府), Japan at the period of Japan's colonizing Korea. Grown up in 260 Dosan-ri, Chilgok-myeon, Euiryong-gun, Gyeongsangnam-do, Korea from July 1944. Has lived in Seoul (as of 2014) since November 1967, before moving to Seoul he had lived in Jinju (April 1955 - March 1961) and Busan (March 1961 - November 1967), the Republic of Korea.
■ Graduated from the Dept. of Korean Language and Literature 〈Night Class〉 of Donga University (Busan, 1967).
Master of Arts in Education (Graduated from the Dept. of Korean Language Education of the Graduate School of Seoul National University. Seoul, 1979).
Ph.D. (Graduated from the Dept. of Korean Language and Literature of the Graduate School of Hongik University. Seoul, 1994).
■ Poet. Novelist. Inventor of Complex Literature in 1971. Essayist. Educator.
■ Passed with the highest score in the National Qualifying Examination for the License of Middle School Teachers as well as in the National Qualifying Examination for the License of High School Teachers, and obtained the Certificate of Middle School Teacher as the youngest in the world (Korean Language Arts, at the age of 18, 1961 A.D.) and the Certificate of High School Teacher as the youngest in the world (Korean Language Arts, at the age of 19, 1962 A.D.): listed in 'Korean Part' of 'The Guinness Book of

Records' published as Korean version with translating the English original into Korean and addition of 'Korean Part' (Sinasa Publishers, Seoul, Korea. 1991).

■ Promoted Korean Language Purification Movement and contributed to establish theories of love for Korean Language from 1968 (at the age of 25) serving as a high school teacher. Helped President Park Chung-hee promote Korean Language Purification Movement in 1976 through advising Park Jonghong, Ph.D., special advisor to the president.

■ Invented 'Complex Literature' on September 1, 1971 by publishing a part of 'Searching for the Dawn of Life' ('생명의 먼동을 더듬어' in Korean), the first work in this genre, to a monthly magazine 'Gyoyuk Sinpung' (The New Trend of Education) on the same date. Part of this work was published serially in the September issue, 1971 through the November issue, 1971 of the magazine 'Gyoyuk Sinpung' until the magazine publication was discontinued.

The time of invention of Complex Literature is regarded as September 1, 1971 because when part of 'Searching for the Dawn of Life' was published on that date. The author made it clear in the preface that this work takes the form of 'Complex Literature' and briefly described the characteristics of this genre.

Actually, Hur Mangil finished writing 'Searching for the Dawn of Life' at 0:43 on 26th October, 1969, about two years before its first part publication. It was 1967 when he thought of writing a work that has form of 'Complex Literature' and started writing the book. He had the plan of Complex Literature in his mind at his age of 24 (1967) and its first work was finished at his age of 26 (1969), whose part was published and introduced to the world at his age of 28 (1971).

Later, when he published this work as a book on April 26, 1980 he described in the preface the definition, utility (or usefulness), and significance of Complex Literature with his motivation for inventing it in a rather detailed manner.

Inventor of Complex Literature, Hur Mangil now (as of 2010) wishes that the genre will be defined or explained as following:

"Complex Literature (복합문학, 複合文學): A form of literature invented by Hur Mangil (허만길, 許萬吉 *surname 'Hur': 1943- . Korean Poet, Novelist, Ph.D.) in 1971 and formed with complex genre using various subordinated genres such as poetry, novel, play, scenario and essay etc., in completing a literature work. Hur Mangil published part of his first Complex Literature, 'Searching for the Dawn of Life' serially in the September issue, 1971 through the November issue, 1971 of 'Gyoyuk Sinpung' (New Trend of Education) and its whole work in book form on April 26, 1980."

"Complex Literature (복합문학, 複合文學): A form of literature invented by Hur Mangil (허만길, 許萬吉, *surname 'Hur': 1943- . Korean Poet, Novelist, Ph.D.) in 1971, in which various sub-genres of literature such as poetry (lyric, epic, dramatic), novel, play, scenario and essay are extensively used in writing a work, in order to bring change and vitality to the work and synergistic effect in embodying its subject. He invented this genre to bring freshness to literature by changing the form of literature. He published part of his first Complex Literature, 'Searching for the Dawn of Life' serially in the September issue, 1971 through the November issue, 1971 of 'Gyoyuk Sinpung' (New Trend of Education) and its whole work in book form on April 26, 1980."

'Complex Literature' invented by Hur Mangil was registered and explained in the 'Doosan Encyclopedia' (Doosan Corporation, Seoul. Recorded on September 1, 2001) etc. The registered item (title, search word) in the encyclopedia is '복합문학(複合文學, Complex Literature)'.

- Affected by his father Hur Chando who was an independence movement activist when Japan colonized Korea on issues of the Korean comfort women for Japanese soldiers during World War Ⅱ. As a teacher (since 1968. at the age of 18) and a public official of the Ministry of Education, Korea (since 1987. at the age of 43) continued to inform people of problems of the Korean comfort women for Japanese soldiers during World War Ⅱ. Keeping in mind that the issues should not be buried in the past, wrote on October 5, 1990 (at the age of 47) a short novel about comfort women, 'A Feast in the Village of Natives' in the 12th volume of 'Hangeul Literature' (Miraemunhwasa Publishers, Seoul), which is regarded as the first short novel on the issues. Received a citation from the President of the National Human Rights Commission of the Republic of Korea on the 56th anniversary of the Universal Declaration of Human Rights on December 10, 2004.

Hur Mangil's short novel 'A Feast in the Village of Natives' was registered and explained in the 'Doosan Encyclopedia' (Doosan Corporation, Seoul, Korea) in March 2007. The registered item(title, search word) in the encyclopedia is '원주민촌의 축제'(原住民村의 祝祭, A Feast in the Village of Natives). One of the memorial stones in front of the central tower of the 'Monument Commemorating 100 Years of Korean Modern Literature' at 'Poetry and Forest Park' in Boryeong-si, Chungcheongnam-do, Korea has Hur Mangil's name and the title of his short novel about a military comfort woman 'A Feast in the Village of Natives' inscribed in Korean.

- Developed the preservation campaign for the Korean Provisional Government Place in Shanghai, China for the first time since the restoration of Korean independence (1990).

Hur Mangil's poem 'The Korean Provisional Government Place in Shanghai' recited on the spot on June 13, 1990 was engraved on a poetry stone monument at 'Poetry and Forest Park' in Boryeong-si, Chungcheongnam-do, Korea on Afril 23, 2010.

- Worked to establish and develop the modern concept of career education (1993 – 2005).

- Career: Korean Language Arts Editorial Researcher of the Textbook Compilation Bureau in the Ministry of Education, the Republic of Korea. Researcher of Spokesperson and Public Relations Office in the Ministry of Education, the Republic of Korea. Member of International PEN. Member of the Korean Writer's Association. Vice-president of the Hangeul Literature Society. Vice-president of the Literature Weekly Literary Society. Director of Korea Modern Poet Association. Member of the Korean Novelist Association. Director of Korea Writing Guidance Association. Member of Korean Language Society. Director of the Korean Society of Career Education. Researcher of Career Education Department of Seoul Metropolitan Education Research Institute. Chairman of Career Education Promotion Committee of Seoul Metropolitan Office of Education. Lecturer of National Institute for International Education, the Republic of Korea. Government School Inspector in the National Institute for Educational Research & Training, the Ministry of Education, the Republic of Korea. Principal of Danggok High School, Seoul, Korea (retired in August 2005).

- Awards:
  o Yellow Stripes Order of Service Merit (2005. The President of the Republic of Korea)
  o Presidential Citation (1991. The President of the Republic of

Korea)
- ○ Citation of the President of the National Human Rights Commission of the Republic of Korea (2004. on the 56th anniversary of the Universal Declaration of Human Rights)
- ○ Citation of the Minister of Commerce and Industry, the Republic of Korea (1987. For the contribution to take care of the working students of night special classes)
- ○ Hangeul Literature Award for a New Figure (1991. The President of Hangeul Literature Society, Seoul, Korea)
- ○ Citation of the Director General of Korean Language Society (1988. Seoul, Korea)
- ○ Munyechunchu Literature Award for the Integrity of Poetry (2011. The Chairman of Literary Magazine 'Munyechunchu' Literature Award Evaluation Committee, Seoul, Korea)

■ Hur Mangil's poetry stone monuements:
- ○ Hur Mangil's poem 'My Hometown Chilgok' (Monument of Hometown Love, Chilgok-myeon, Euiryeong-gun, Gyeongsangnam-do, Korea)
- ○ Hur Mangil's poem 'You Shine' (Gaehwa Art park, Seongju-myeon, Boryeong-si, Chungcheongnam-do, Korea)
- ○ Hur Mangil's poem 'The Korean Provisional Government Place in Shanghai' (Poetry and Forest Park, Jusan-myeon, Boryeong-si, Chungcheongnam-do, Korea)
- ○ Hur Mangil's poem 'On the Morning Riverside' with Hur Mangil's figure (Poetry and Forest Park, Jusan-myeon, Boryeong-si, Chungcheongnam-do, Korea)

■ Works:
- ○ 〈Collection of Essays〉 The Sounds of the Brilliant Light (Hagyesa, Seoul. October 20, 1975)
- ○ The Way of Love for Our Korean Language (Hagyesa, Seoul.

June 15, 1976)
- ⟨Complex Literature⟩ Searching for the Dawn of Life (Gyoeumsa, Seoul, April 26, 1980. * The first work of Complex Literature in the world)
- ⟨Contents of attained truths⟩ Cham (Truth) Obtainment for Mankind (Siinsa, Seoul, August 21, 1980)
- A Study on the Modern Korean Language Policies in Korea (Gukakjaryowon or Korean Classical Literature Reference Center, Seoul, August 25, 1994)
- ⟨Highschool Textbook⟩ Career and Counseling (joint work, Seoul Metropolitan Office of Education, Seoul, January 1999)
- ⟨Long Novel⟩ Love with Angel Yorena (Yangpiji, Seoul, December 20, 1999)
- ⟨Collection of Poems⟩ You Shine (Yeongha, Seoul, December 23, 2000)
- Opening a Way of Our Korean Language Love (Munyechon, Seoul, May 26, 2003)
- ⟨Collection of Poems⟩ Blue Vow of 15 Years Old (Pureunsasangsa, Seoul, November 27, 2004)
- ⟨Collection of Essays⟩ Blue Heart of 14 Years Old (Yeonin M&B, Seoul, June 4, 2007)
- ⟨Collection of Essays⟩ Looking for Truth and Ideal (Yeonin M&B, Seoul, December 21, 2007)
- Memoirs of Raising Comfort Women Problems and the Preservation Campaign for the Korean Provisional Government Place (Essay Publishing, Seoul, December 21, 2010)
  – Including "Origin and Concept of Complex Literature" (written in Korean), "Origin and Concept of Complex Literature" (written in English), a short novel "A Feast in the Village of Natives", "Interpretation of the Short Novel 'A Feast

in the Village of Natives' " (written in English), "Poet Hur Mangil's Life" etc.
- ○ 〈Collection of Poems〉 On the Morning Riverside (Pure Literature, Seoul. September 1, 2014)
- ■ Thesis:
- ○ "The Conception of Dynamic Linguistics and Dynamic Pattern Theory" (December 1971)
- ○ "A Study on the Establishment of Oral Language Education Areas" (August 1979)
- ○ "The Principles of Oral Language Education" (April 30, 1983)
- ○ "The Reflection of the Public Servant's Korean Language Life and the Plans for the Language Improvement" (August 31, 1993)
- ○ "A Study on Illiteracy Elimination Policy since the Restoration of Korean Independence" (September 25, 1994)
- ○ "The Establishment of Parts of speech and the Syntactic Meaning for 'kɨls'e' (글쎄) in Korean" (October 10, 1994)
- ○ "The Plans of the Supporting System for High School Career Eduction" (June 14, 1996)
- ○ "The Way of Establishing Career Education Plans in Schools" (December 1997)
- ○ "Career Education of Secondary Schools for National Human Resource Development" (June 1, 2001)
- ○ "Thinking of the Souls of the Comfort Women Victims for Japanese Soldiers" (March 1, 1992)
- ○ "Progressive Educational Thought of George S. Counts" (August 1, 1978)
- ○ "The Real Aspects of Violence and the Preventive Plans in the Schools" (August 23, 1997)
- ○ "Origin and Concept of Complex Literature" (written in Korea) (December 21, 2010)

- "Origin and Concept of Complex Literature" (written in English) (December 21, 2010)
- "Interpretation of the Short Novel 'A Feast in the Village of Natives' " (written in English) (December 21, 2010)
- "A Study on Scholar Hur Wonbo's Contribution to Patriotism and Place Names in Euiryeong Region, Kyeongsangnam-do in the Choseon Dynasty of Korea" (January 1, 2014)

■ Declaration:

- "Let's Gather Mind and Wisdom to Preserve the Korean Provisional Government Place in Shanghai, China" (June 13, 1990)
- "A Proposal on the Day for All Souls of Military Comfort Women and the International Day for Human Body Respect" (November 30, 1991)

■ Short Novels:

- "A Feast in the Village of Natives" (October 5, 1990)
- "Flower Buds" (February 28, 1991)
- "Colored People" (April 20, 1991)
- "The Shock" (May 20, 1992)
- "A Mt. Jagul Festival of Jina Sisters"(May 1, 2013)

■ Essays:

- "The Instruction of My Father Hur Chando, an Independence Movement Activist When Japan Colonized Korea" (December 21, 2010)
- "The Heart of Mother" (May 20, 1990)
- "The Story of a Leave of Absence from My Teaching Work(1980) Due to Overwork" (May 26, 2003)
- "Thinking of My Working Students of Night Special Classes" (March 1, 1988)
- "Recollections of Being Acquainted with Korean Linguist Choe Hyeonbae Ph.D.(May 26, 2003 / September 23, 2004)

- "Memoirs of Raising Comfort Women Problems" (December 21, 2010)
- "Memoirs of the Preservation Campaign for the Korean Provisional Government Place" (December 21, 2010)
- "Poet Hur Mangil's Life" (December 21, 2010)